U0619745

会说话就是情商高

朱磊◎著

HUISHUOHUA JIUSHI QINGSHANGGAO

文匯出版社

图书在版编目（CIP）数据

会说话就是情商高 / 朱磊著．— 上海 ：文汇出版社，2017.8
ISBN 978-7-5496-2215-3

Ⅰ．①会… Ⅱ．①朱… Ⅲ．①语言艺术－通俗读物 Ⅳ．①H019-49

中国版本图书馆 CIP 数据核字（2017）第 162486 号

会说话就是情商高

著　　者 / 朱　磊
责任编辑 / 戴　铮
装帧设计 / 天之赋设计室

出版发行 / 文匯出版社
上海市威海路 755 号
（邮政编码：200041）
经　　销 / 全国新华书店
印　　制 / 河北浩润印刷有限公司
版　　次 / 2017 年 9 月第 1 版
印　　次 / 2022 年 7 月第 4 次印刷
开　　本 / 710×1000　1/16
字　　数 / 147 千字
印　　张 / 15

书　　号 / ISBN 978-7-5496-2215-3
定　　价 / 45.00 元

前　言

《会说话就是情商高》是一本讲述如何展开沟通，在沟通中获取有用信息，尽量占据沟通的主导地位，以及提高人际交往能力的书。

说话的概念很宽泛，但凡沟通、交流中可以涉及的内容，都可以叫作说话。但是，现在很多人虽然懂得说话的重要，却偏偏不懂得如何说话。

在生活中，我们常常听到有人抱怨："他情商真低，要是他不瞎说话，我能当众下不来台吗？""她情商特别低，要不是她随意答应对方的条件，这笔订单就签成了，真是成事不足，败事有余。"

很多人都将这种交际错误视作情商低，事实上，这些都是不会说话的结果。

生活中离不开说话，大多时候，人们都是根据一个人的说话，来判断他的性格、用意。

一个人会说话，往往能获得别人的尊重；一个人如果不懂得说话的奥秘，往往不招人喜欢，甚至还会因此而栽跟头。所以，说话不但是一种表达，更是一门“技术活”——只有掌握了说话的艺术，掌握沟通、交流技巧，才能在无形之中提高我们的情商。

可以说，“会说话”能令你受益无穷。

我们为什么欣赏情商高的人？无疑是因为他们懂得拿捏说话的“分寸”。

会说话的人不会令他人陷入尴尬之中，相反，还能打破尴尬的僵局。

所以，我们也更愿意接近情商高、会说话的人，因为他们能够令沟通更加顺畅，令与其沟通的人感到愉悦和满足。与此同时，他们还能在沟通中获取自己想要的信息，建立良好的人际关系。可谓一举多得。

很多人都知道“好口才”很重要，于是便苦心磨炼口才，但他们却疏忽了最为重要的一点：所谓的“口才”，不只是技巧而已，更重要的是说话内容——如果说话内容苍白，即使技巧再好，也一样无法展开良好的沟通，更别提赢得别人的赞许了。

有些人为了让自己更受欢迎，看了许多与口才相关的书籍，下了好一番功夫来磨炼自己的说话技巧。虽然这些书籍的某些内容是非常正确也很有用的，但却不一定能马上提高情商，使自己受到别人的欢迎。

究其原因，是因为他们没有抓住“情商高”的根本表现——会说话。

如果一个人不会说话，即使他怀着一颗善良的心，可冷冰冰的言语依然会伤害他人。所以，我越来越深刻地理解到，一个人会不会聊天，能不能把握话题的中心，与“怎么说话”关系不大，而是取决于“说什么话”。

内容永远是大于形式的。可在实际生活中，我发现还是有很多人执着于说话技巧。

我曾认识一个小伙子，他告诉我，每天早上他都会朗诵一段“自我独白”，以此来锻炼自己的口才。

当我问他练习成果时，小伙子却一脸沮丧地告诉我，效果并不显著，而且决定为此付出更多的努力。

听完他的话，我对他说：“就算你把这段话天天读、年年读，读上几十年，我觉得你的沟通能力也不会进步多少。因为你把一段话读得再滚瓜烂熟，再有感情和感染力，你也不可能在任何时候、任何场合都用这段话和别人交流。其实，你真正缺乏的不是说话技巧，而是说话内容。

“沟通不是播报新闻、念报纸，而是把自己所知道的对他人而言有用的信息传达出去。所以，你不要总想着你要表达什么，而应该想一想，你能通过语言给别人带来什么。只有想清楚这个问题，你的沟通能力才会变好。”

这个小伙子觉得我说得有道理，后来他成了我的学生。

现在，他不会再去锻炼自己与人沟通的“胆量”和“技巧”了，因为他已经知道，沟通既不需要胆量，也不需要“嘴巴”的技巧，即使你说话磕磕巴巴、口音很重，只要你说的话能给别人提供价值，那么，别人会主动并用心倾听你说的话。

沟通的价值从哪里来？就是从“会说话”里来！

所以，我写了这本《会说话就是情商高》，把自己这么多年来从事这一领域的心得和体会分享给大家。在这本书里，我讲了许多关于会说话的故事和如何说话的应用方法。

我不想给读者介绍所谓的“话术”，只是想通过我的一些亲身经历和经典案例来帮助读者树立一种实用的沟通理念，让读者能够把自己所知道的东西以合理的方式分享给别人。

与此同时，让大家通过会说话来提高自己的情商，从而获取自己想要的信息，受到他人的尊重和欢迎。

仅此而已。

目　录

Contents

第一章：从嘴里爬出来的自己

一个人容貌的美丑，是可以直接用眼睛看见的。而一个人心肠的好坏，个性的特点，思想的深度，则是从言谈举止中一点一滴渗透出来的。

第二章：多数知识难变现，但可以当作谈资

学会把知识当作谈资，不仅是一种引发话题的手段，更是一种提升自我的方式。

第三章：谈资的模糊界限

交谈与演讲最大的区别就在于，交谈是一种来自双方的互动，你、我皆有表达意见和态度的权力。

第四章：让“热点”飞一会儿

不要急着下结论，在结果出现之前，不妨试着让“热点”飞一会儿，旗鼓相当的“过招”才能让人欲罢不能！

第五章：“冷场力”是你的负资产

传说，冷场是因为在谈话间有天使路过，谈话的人感觉到了天使的存在，所以自觉地闭上了嘴巴。

第六章：教训：多数谈判技巧是有毒的鸡汤

想要成为真正的谈判高手，不如少些套路，在内容上多做些准备。在这个现实的社会中，内容为王永远不会错。

第七章：最终的目的——让谈资落地

任何一场谈话都会有一定的目的性，或是为了解闷，或是为了获得对方的好感，或是为了促成某件事情……

第一章

从嘴里爬出来的自己

一个人容貌的美丑，是可以直接用眼睛看见的。而一个人心肠的好坏、个性的特点、思想的深度，则是从言谈举止中一点一滴渗透出来的。

所以说，说话这件事儿，说大不大，说小却也不小。你以为你从嘴里吐出来的只是几句话、几个词，但别人“见”着的，却是从你嘴里爬出来的你。

慎言，慎言啊！

1. 你讲的是故事，别人听的是你

与人交往，不管是交朋友，还是谈生意，我们都会对对方进行一些评估，比如人品如何，能力如何，等等。但通常来说，这些表面的东西是很难单从外表就可以看出来的。

用眼睛看，可以看出一个人的容貌是美还是丑，但正所谓“人不可貌相”——外貌的美丑，并不能作为判断一个人价值的唯一标准。那么，我们怎样才能对一个人的人品、能力等迅速做出一个粗略的判断呢？

很简单，答案就是：交谈。

很多跑业务的人都有一种体会：一笔生意能不能谈成，和你与客户能不能聊得来通常有很大关系。

这样一说，可能有人会觉得，那客户岂不是很“不务正业”吗？这在商言商，和聊得来聊不来有什么关系呢？

这自然是有关系的。试想一下，当你打算和一个人合作的时候，你是不是需要先考察一下这个人的人品、能力等？你是不是得先看看这个人可不可信，能不能交往？

白纸黑字的合同，固然是一种保障，但如果你真的识人不清，遇人不淑，那一纸合同又能帮到你什么呢?

所以，不管人们谈的是什么，这“说话”就成为考察人品和能力的重要一环。

但是，很多初入社会或者刚开始跑业务的新人，都不太重视“说话”这件事情，他们总以为，只要自己把合同做得漂漂亮亮，把业务讲解得清清楚楚，自己的任务就完成了——至于和客户之间的闲聊，不过是打发时间，相互寒暄一下罢了。

但实际上，成败的关键，往往就在这些看似随意的闲聊之中。你讲的可能是故事，但别人听的却是你这个人。

仔细想想，当你和一个人初识的时候，你脑子里对这个人的印象通常是怎么形成的?

面对一个陌生人，我们首先能看到的最直观的形象，当然是外表。外表讨喜的人，我们对他的第一感觉当然比较好，态度自然也就亲近了——也难怪不少人感叹：这就是一个“看脸”的世界。

虽然外表往往可以奠定我们对一个人的第一感觉，却不能形成我们对这个人的第一印象。

第一印象通常是根据这个人的言谈举止来判断的，其中，言谈显然是重中之重——毕竟不是每个人都有一双“毒辣”的眼睛，单凭对方一举手一投足的动作，就能判断出这个人的教养如何、品德怎样。

可交谈不同，虽然你未必能从交谈中对一个人做出准确的判断，但你必然能从交谈中确定一件事：你是否喜欢这个人？是否愿意和他继续相处下去？

比方说前阵子的一个饭局上，一位同事偶遇了他的一位故友。那位故友很热情，到我们这桌打了招呼后，还坐下一块儿喝了几杯酒。

在此过程中，这位热情又健谈的故友，兴致勃勃地提了我们市里几个比较出名的人物，比如某某局的局长、某某处的干部、某某公司的老板，似乎企图攀扯攀扯，看看大家有没有共同相识的人。

此外，他还讲了几个笑话，把整个饭局的气氛都搞得甚是火热。虽然他与饭局中的大部分人都是第一次见面，但整个交流过程中没有出现冷场。

可有趣的是，这次饭局结束之后，偶然提及这个陌生人，除了那位与他相识的同事之外，大部分人对他的印象都不算很好——归结起来，大家无外乎就是觉得：这个人爱出风头，爱显摆，不太靠谱。

为什么会得出这样的结论呢？

我曾问过其中一位参加那次饭局的朋友，朋友直截了当地说："他一再提到那些有头有脸的人，一副和他们关系很是亲近的样子，不就是想显摆显摆自己认识不少牛人吗？你看他，一来就喧宾夺主，敬这酒，敬那酒，把话头都接了过去……显然，此人太爱出风头了。"

哦！原来这都是从言语之中了解的啊！

瞧，对一个人的印象，就是这么建立起来的。

我们还可以从另一个方面去想：他之所以提到那些"大人物"，或许只是因为他觉得这些人名气大、人脉广，比较有"标志性"，遇着都认识他们的人概率也比较高。

因此，他之所以把话头接过去大说特说，并且讲了不少笑话，也可能仅仅是因为他想表现得热情一些，以免他这个陌生人突兀地加入谈话中，会造成冷场。

但不管怎样，他的真实初衷到底是什么，只有他自己知道，作为看客的我们是不会知道的。至于我们对他这个人如何评价，也只会根据他的言谈来进行剖析。

所以说，别小瞧你说出口的每一句话，以及你拿来作为谈资的每一个故事，你讲得或许很随意，但别人听得可未必随意——你在别人眼前建立起的形象，以及你在别人心中能得到的分数，正是通过这一场场的谈话所决定的。

我的朋友小王，有个绰号叫"乌鸦嘴"——原因很简单，他这人嘴特别欠，开口准没一句好话。

小王其实人不坏，还很热心，谁家有个什么事需要帮忙，一叫他准到。可问题是，这嘴欠的毛病他却怎么也改不掉。

有一次，一位朋友要搬家，我们能抽出时间的都去帮忙了，这其中自然也包括热心的小王。搬完家后，朋友的母亲亲自下厨，留我们吃了一顿饭。

朋友的母亲养了一只猫，那猫长得挺特别，脸像个“囧”字，看上去挺有意思的。就在我们都纷纷夸这猫长得有趣的时候，小王开口就是一句：“这猫的面相不行啊，这眼睛鼻子耷拉得，一看就是一短命相。”

小王这话一出口，朋友母亲脸色就唰地变了，但碍于面子，倒也没说什么。

虽然现场的气氛很是尴尬，但小王的做派大家也都知道，所以谁都没把这事放在心上。偏偏巧合的是，这件事情发生没几天后，朋友母亲养的那只猫从开着的窗户跑出去，结果被车撞死了。

朋友母亲养了那只猫八年，恨不得把它当亲闺女来看待，没想到却出了这种事——加之又联想到前几天小王说的那句话，朋友母亲更是直接记恨起小王来，还严令儿子今后不许再把小王带到家里。

友谊的小船就这样说翻就翻了，要说那只猫的悲剧，和小王还真是没什么关系，但谁让他这“乌鸦嘴”偏偏就灵验了呢？

所谓“祸从口出”说的就是这个道理，但凡是小王能留点口德，这笔账也不会莫名其妙地算到他头上。当时，他大概也只是开玩笑随口说说而已，但实际上，他的“随口说说”，恰恰正是别人眼中所看到的他啊！

当然了，如果只是平时和朋友聊天，我们大可天南海北地随心而谈。但如果是有目的地与人交往、接触，比如与客户谈业务，或者与面试官交流，那可就不能太过随性了——毕竟你和对方的每一句闲谈，都可能影响到你是否能达到自己的目的，比如促成合作，或得到工作。

但凡人的性格，都是多面的——一个粗鲁的人，也会有温柔的一面；一个马虎的人，也会有仔细的时候；一个安静的人，不见得就适应不了热闹的环境。

可我们看人的时候却不同，因为我们习惯于给人“贴标签”。我们会说，某人很内向。或者，某人做事风风火火。又或者，某人特别擅长交际。

很显然，这些特征不能完全具体地描述出一个人的特点，但这就是这个人给我们留下的印象，而我们也通常会根据这些印象来决定，哪些事情是适合交托给这个人做的。

比方说，当你想找人帮你带孩子的时候，当然会优先考虑那些温柔细心的；当你想找人帮你出头的时候，则必然会优先考虑那些性格强势的。

你的客户，或者面试官，同样如此：你与他们的交流，就是你在他们心中建立起“印象”的一个过程。根据这些印象，他们会做出判断——你是否正是他们所需要的那个人。

而这，往往决定了你是否能够达到自己的最终目的。

所以说，不要小看从你嘴里说出的每一句话，那些你以为的“闲聊”，恰恰正是别人给你打分的重要“试题”。

2. 可怕——本想表达个性，但却暴露无知

有这样一个笑话：

相传，李鸿章有个不学无术的远房亲戚，在一次参加乡试的时候，他发现自己一个字也答不出来，眼看就要交卷了，他急中生智，连忙在考卷上写上自己是李鸿章亲戚这件事。

可无奈的是，这亲戚的“戚”字他怎么想都想不起来怎么写，一着急写成了“我乃中堂大人之亲妻”。

后来，主考官在阅卷时看到了这个考生的答卷，在旁边甚

是讽刺地批了一句：“所以我不敢取（娶）。”

不学无术之人，哪怕是想显摆，也往往可能弄巧成拙，“啪啪啪”打了自己的脸哪！

当然了，只要是人都会有犯错的时候，如果只是在无关紧要的时候犯下这种“乌龙”，那么被众人调侃一番之后，便也就过去了。怕就怕，这样的“乌龙”出在某些关键时刻，那会使你的诸多努力都付诸东流。

每个人都希望能和聪明、博学的人打交道，自然，每个人也都希望自己在别人眼中是聪明、博学的。

这种想法本身并没有错，谁不想给别人留个好印象，获得别人的称赞和敬佩呢？可怕的是，有时可能会弄巧成拙：你本想彰显个性，最终反而暴露了自己的无知和浅薄。

其实，这世上的行业千千万万，你不可能熟知每一个领域，更不可能将所有知识都塞进自己的脑袋里。

所以，当你面对自己不熟悉的话题，或不确定的问题时，没必要硬着头皮不懂装懂——与其冒着出丑的风险好为人师，还不如摆出不耻下问、勤奋好学的姿态呢！

我以前负责酒店管理时的同事小刘，刚入职的时候就闹出过这种笑话。

那会儿，小刘刚进公司，被分去了市场部。经过一个月的培训之后，他就跟着师父上岗了。当时，正值世界杯，小刘负责的那位客户是个不折不扣的足球迷——为了和客户套近乎，制造共同话题，小刘也“喜欢”上了足球。

众所周知，在看比赛的时候，很多球迷的情绪都是非常容易激动的，尤其是当看到自己喜欢并支持的球队进了球时，可能立马激动得一蹦三尺高；而看到对方球队进一个球时，可能会立马痛哭、哀号。

而且，“骂裁判”这事儿，几乎是每场比赛中球迷们都会干的事儿。大概是为了彰显自己的“球迷身份”，完全不懂足球的小刘也表现得激动不已，学着客户的样子，对裁判的每个裁定都指指点点，甚至骂骂咧咧。

要说小刘这演技吧，也算是挺不错的——客户说什么，他都能似是而非地接上两句。

可假的就是假的，总有露馅的时候。大概是演戏演成“惯性”了，裁判一吹哨，还不等客户开口，小刘就先骂上了：“裁判吹黑哨了。”“脑袋被门挤了。”……一溜全骂出来了。

但客户对此却感到莫名其妙：这动作很明显，一看就是越位了嘛，裁判吹哨毫无问题呀！可小刘这球迷，而且还是个临时抱佛脚的“伪球迷”，哪里会懂这些球赛规则呀——这不，立马就露馅了。

万幸的是，这笔生意倒也没因为这个小插曲就此黄了。不过，那客户念叨小刘这人“不实在”“拍马屁”，可是念叨了好长一段时间呢！

共同的兴趣爱好，的确是最好的话题，每个人或多或少都有一些自己感兴趣的事情——谈论这些事情，不仅容易调动起对方的谈话积极性，还能迅速拉近彼此的距离。

但问题是，你必须得真有能谈得下去的内容才行，哪怕你抱着一种“入门者”的态度，摆出请教的姿态，也比不懂装懂要强得多。

当然，假如你的谈话对象正好和你有相同的兴趣爱好，或者正好对同一个话题感兴趣，那么，交谈是非常自然地就能展开的。

但有时候，你们的兴趣点也可能恰恰没有任何交集——这种时候，想要用合适的话题来“填充”公事之外的空白时间，就显得有些困难了。

因此，为了避免这种意外的发生，在展开任何一场具有目的性的谈话之前，最好要能做到“知己知彼”：了解对方对什么话题感兴趣，以及近期的活动情况，然后再根据自己的情况，准备几个能够“谈”的话题。

需要注意的是，虽然说交谈是两个人的事情，但作为抱有目的的一方，你在准备谈资时，最重要的事情不是考虑自己能谈什么，而是应该优先考虑哪些话题能引起对方的兴趣。

比方说，如果你的谈话对象对金融感兴趣，可你却总和他聊爬山，他必然是提不起劲头来的；如果你的谈话对象从不关注娱乐圈，而你的话题总围绕着明星打转，那恐怕也只能“道不同不相为谋”了。

和人谈话，最怕的不是对方讲的事情你不懂，而是你明明不懂，却偏偏喜欢装懂。不懂不要紧，只要你有兴趣想知道，我可以一点一点告诉你——可如果你明明不懂，却还喜欢装懂，那话题就很难继续下去了。

我认识的一位小青年就有这个毛病，无论别人谈论什么，他懂或不懂，都喜欢插嘴，发表几句“高见”，仿佛唯有如此，才能彰显出他的智慧与个性。

有一次在聚会上，几个体育迷在谈论足球，说起了即将到来的足球盛会世界杯，小青年也兴致勃勃地凑了上去。

大伙正讨论着上一届世界杯的一些精彩进球，小青年见久久插不上嘴，以一副无限惋惜的样子叹了一句：“唉，去年太忙了，晚上总加班，根本没时间看。这回，哪怕直接把老板电话挂了我也得守着电视看球！到时候咱们酒吧约，说好了啊！”

一听这话，大家都乐了，这四年才一届世界杯，去年你是打哪儿看的呀？在座的一位仁兄冲着大伙坏笑着挤挤眼睛，问小青年：“那你看好哪个队啊？你认为今年哪个队能得冠军？”

小青年想了想，大声说道：“这必然得是AC米兰啊！是吧？这有AC米兰的战友吗？我感觉，那个巴塞罗那也是很有希望的……”

一席话下来，那几位球迷都乐得不行了：这还是头一次听说俱乐部也能参加世界杯啊！

由此可见，说话得谨慎，你不知道的就不要乱说。

你要真想说，那也没关系，说之前至少得先考虑清楚，别被别人打个措手不及——本想彰显个性，反倒暴露出自己的无知和偏颇。

3. 你为什么会提出蠢笨问题

在进行一场谈话之前，如果有充分的准备和策划，显然更能保证谈话的愉快和顺畅，也更能给对方留下良好的印象。

但很多时候，并非所有谈话在进行之前，都会留给我们足够的时间和机会去准备和安排。在这种情况下，如果即将谈论的话题偏偏是自己所不熟悉的，该怎么办呢？

答案其实很简单：你可以利用提问的方式来继续展开话题。

之前我就强调过，面对自己不了解的领域和掌控不了的话题时，与其硬着头皮不懂装懂，倒不如摆出谦虚求知的态度，把话题抛给对方，让对方来为你解疑释惑。

每个人或多或少都会有炫耀的心理，都想得到别人的认同，所以，你要尽可能地引导别人去表现他们自己。你的谈话对象也不例外。

在谈话中，适当地摆出低姿态，向对方“请教”，让对方能够有机会“显摆”自己的知识，不仅能让谈话更好地进行下去，化解你对该话题不甚了解的尴尬，还能让对方在给你解疑释惑的过程中找到满足感，从而提升谈话质量。

但是，别以为提问就是简简单单地把话题抛给对方，提问也是一门学问。

问题提得好，对方会回答得舒爽，同时也能体现出你的智慧和眼光；而问题若是提得愚蠢，那么抱歉了，恐怕你的提问不仅不能让你的谈话对象感到满意，还会给他留下不少负面印象。

有一位艺术家在本地艺术圈里也算得上是小有名气。一次，某杂志社想给他做个专访，约好时间后，派了一个记者过来。

记者一进院子就看见这些艺术品了，但是，他看了半天也没看出个所以然来，于是就随口说了一句：“您这些作品还真是让人看不懂啊！艺术这东西，是不是都得这么故作高深呢？”

听了这话，艺术家当即就有些不高兴了，看着记者问了一句：“听过黄莺唱歌吗？”

记者笑笑：“听过啊。”

艺术家又问：“你觉得好听吗？”

记者答：“挺好听的，那声音脆脆的。”

艺术家再问：“那你听得懂它在唱什么吗？”

记者不说话了，有些尴尬。

经过不愉快的开场白之后，采访正式开始了。不知道是不是时间太过仓促，这位记者似乎之前没做什么准备，开始提问后，第一个问题就是：“请问您从事艺术事业多久了？”

艺术家斜睨了记者一眼，冷硬地说：“怎么，这种事情还需要问我？在采访之前，你连查一下我的资料都懒得做吗？”

记者有些尴尬，想了想，又问：“那请问，您是什么时候发现自己有艺术天赋的？”

这问题一出来，艺术家的脸色更难看了：“之前，就是你们杂志社已经做过我的一次报道了，这个问题问过了，也不怕读者看得不耐烦。”

记者只好硬着头皮接着问：“还有很多其他的问题呢。您第一次拍卖的作品是哪一件？反响怎么样？对您的艺术生涯有什么影响……”

不等记者说完，艺术家就直接打断了他：“如果你想问的就是这些问题，你可以走了，不用浪费我的时间。回去后，自己翻翻你们杂志社之前报道我的那篇文章，照着抄一遍，什么就都有了。”

这次采访不欢而散之后，为了信守承诺，艺术家还是授权该杂志社刊登了一篇他的专访，但以后怕是再也不会接受这家杂志社的专访了。理由很简单：那位记者太不认真，提的都是些浪费时间的愚蠢问题！

交谈就像比武，有来有往才有趣味。一场酣畅淋漓、让人意犹未尽的交谈，其实就像武林高手遇着武林高手，你来我往，见招拆招，哪怕大战数百回合也不腻味。

但如果说，一个武林高手遇着的对手是个手无缚鸡之力的人，那怕是连出招都懒得出了——单方面的欺压又有什么意思呢？你打他，他也不还手，那跟打个物件又有什么区别，总归是没意思的。

也难怪剑术出神入化的独孤求败，要给自己取这么个名字——求败，求的其实不是“败”，而是一个能够和他比拼数个回合也不腻味的对手啊！

而提问式谈话则像是师父教徒弟，如果徒弟机灵，虽没有资格成为与师父惺惺相惜、比肩而立的对手，至少也能让师父在传授功夫的过程中感受到不少乐趣。

如果徒弟偏偏是个蠢笨还不认真的人，那师父哪里能找到教授的乐趣啊，不被气病就算不错了。

就像那位记者，其实就是个蠢笨的徒弟，他问艺术家的那些问题，就好像是在问师父：昨天教的那招，手要抬多高来着？刚才说的那句话，字怎么写来着？也难怪会让人感到生气了。

可不得不说的是，在这个世界上，蠢笨的徒弟还真不在少数。那么，这些总是提出蠢问题的笨徒弟，莫非真是脑子不好使，所以才问不出惊艳的问题吗？

当然不是。说到底，还是谈话之前没有好好“做功课”。

还是以那位记者为例，如果他在采访那位艺术家前，能用心查一下他的资料，看一看之前做过的关于他的一些访谈，那么，他就不会再去问那些自己动动手就能找到答案的问题了，这次采访也不会以尴尬的方式收场了。

著名成功学大师卡耐基说过这样一句话：“提问最重要的一点，就是你得去了解别人，当你对别人感兴趣的时候，自然就能提出很多有效的问题。相反，如果你事先没有任何准备，那么，提问不过是在浪费对方的时间，徒惹对方反感罢了。”

可见，总是提出蠢笨问题，实则并非因为徒弟脑子不好用，而是因为不上心、不用心而已。

因此，为了避免总是提出没有价值、浪费时间的蠢笨问题，在提问之前，我们不妨先问问自己：你提出这个问题，是想要得到怎样的信息？这些信息如果不通过向谈话对象提问，你可以自己获得吗？如果可以，那么请闭上嘴巴，跳到下一个问题。

要知道，如果有些事情你根本不需要通过向别人提问就能获得答案，那为什么不自己去想，去查呢？如果你的提问仅仅是为了让谈话能维持下去，而不在乎对方会给出怎样的答案，那么，恐怕这场谈话已经失败了。毕竟，敷衍与交谈之间天差地别。

所以，慎言啊，慎言——别让你的蠢笨问题将一场交谈变为不耐烦的敷衍!

4. 谈出来的“志同道合”

再客观、公正的人，也都不可能完全不受情感的影响。人有感情、有情绪，这是人绝对不可能完全剥离的一种特性。

如果你喜欢一个人，对一个人有好感，那么，自然而然就会产生想要亲近对方的渴望，也自然而然就会给予对方更多的宽容和机会。

相反，如果你不喜欢一个人，对一个人反感，那么，自然也会排斥与对方亲近——尤其当对方做了让你厌恶的事情时，只会让这种恶感加倍，更别说什么宽容以待了。

这其实非常正常，尤其是在某些不触及原则、没有明显是非对错的问题上，人们显然会更容易受到情感的左右。

就好像小朋友选择游戏伙伴，当可供选择的对象能力不相上下，所能带来的助力也不存在明显差距的时候，真正决定选择结果的，自然就是情感的偏向了——谁都会选择那个自己更亲近、更有好感的人。

在现实生活中，大部分问题其实都不是单项选择题。比方说招聘，在成百的面试者中，经过层层筛选之后，符合条件的未必就是那唯一的一个，或许会有很多个选择摆在你的面前。

从客观条件上来说，不管你选择哪一个，他们都足以胜任这个岗位。既然如此，面试官自然会选中自己更有好感、情感更为亲近的那一个。

因此，在与人交往时，能够让对方愿意亲近你，对你产生好的印象，对每个人来说，都是非常重要的。尤其当你希望达到某一目的，让对方同意你的某一条件时，这种情感上的亲近就显得尤为重要了。

我们对陌生人产生的第一种情绪，通常来自对方的外表，包括长相、打扮、举止等。但这种情绪的影响力，通常不会太过持久。

而真正能够让我们留下印象，甚至在心里给这个陌生人做出判断和评价的，则主要来自对方的言谈。所以说，在与人交往的过程中，尤其是在对方对你还不甚了解的时候，你说出的每一句话，都可能决定对方对你的印象以及好感度。

俗话说："物以类聚，人以群分。"志同道合的人，往往最容易成为朋友，因为大家有共同的志趣、共同的话题——能说到一块儿去，自然也就会产生好感。

俞伯牙和钟子期虽然身份、地位相距甚远，却因志趣相投而有了"高山流水"的知音之情；刘备、关羽、张飞初次相见，便因共同的理想和追求而"桃园结义"。可见，共同兴趣是拉近两个人距离的敲门砖，也是滋生好感的肥沃土壤。

交谈是一种艺术，同时也是一门技术。

准备恰当的谈资，引导合适的话题，选择适宜的谈话方式，再阐明自己的态度和意见——这整个交谈的流程，其实就是创造形象和印象的过程。

善用这门技术，你可以技巧性地根据谈话对象的喜好和需求，创建出他所需要、愿意亲近的印象，增进彼此的好感度。

注意，我这样说，可不是鼓励你去成为一个溜须拍马、左右逢源的人，更不是让你为了迎合对方的兴趣爱好，而无中生有地捏造自己的形象。

虚假的东西，不管创作得多么完美，终究都有崩塌的一天。能够长久留存的东西，必定是建立在真实的基础之上的。依靠假装而建立起的共同兴趣和追求，终究会有被戳穿的时候。

看到这里，或许有人会说，刚才还说要懂得根据对方的喜好和追求来“创造”符合的印象，现在却又强调不能造假，岂不是前后矛盾?

矛盾吗? 非也，非也。

事实上，这世间真正意义上的志同道合哪有这么容易——哪怕是一母同胞的双生兄弟，也不可能在每一件事上都达成统一意见，更何况茫茫人海中两个毫无关系的陌生人呢。

世界上不存在两片完全相同的树叶，同样，也不会存在两个思想、性格完全相同的人。

我们所说的那些志同道合的人，其实往往都是在某一方面能够谈得来，或者在某些地方有着相似点罢了。

人原本就是多面性的，一个喜欢足球的人，可能也有打篮球的兴趣；一个喜欢看文艺片的人，可能也钟爱恐怖电影；一个喜欢品茗的人，未必就不爱喝酒——要找到一个和自己有七八分相似的人实属不易，但若只想找到一个与自己有二三分相似的人，却并不是什么难事。

所以说，人与人之间所谓的“志同道合”，实际上都是谈出来的。

我有一位女性朋友王小姐，在一次相亲中，认识了一位让她深感相见恨晚的陈先生。王小姐说，她与陈先生第一次见面就聊得尤其开怀：两人具有非常多的相似点。

比如说，王小姐喜欢绘画，而陈先生正好深谙赏画，这让二人颇有“伯牙子期”般的投契感；再比如说，王小姐十分喜爱韩国导演金基德的风格，陈先生正巧也对这类影片赞誉颇高；甚至于在选择饮料的时候，两人也十足默契地选择了同一牌子的同一款饮品……

但最终，王小姐和陈先生并没有如众人所预料的那般走到一起。

事实上，在他们相处不到一个月的时候，两人就已经彻底否定了和对方发展恋爱关系的可能。这一结果，是大家当时都始料未及的——要知道，不到一个月之前，王小姐说起这位“相见恨晚”的男人时，可是一副遇到真命天子的样子啊！

我曾问过王小姐，为什么最终没能和陈先生这位“知音”有所发展，王小姐的回答是：“相似之处挺多的，可背道而驰的地方就更多了！当初刚开始认识时，只看到了那相似的二三分，却以为其他的七八分也是契合的，可没想到，接触久了才发现，也就只有那二三分合拍了。”

必须承认，每个人看世界的眼光都是有局限性的，看人也一样。就如管中窥豹，虽只可见一斑，我们的大脑却往往能够根据这一“斑”而推断出“豹”的全部面貌。

这里，且先不说这种推断究竟全不全面、正不正确，至少我们对自己的推断总是深信不疑的。就像王小姐，初遇陈先生的心动，不过是因为她正好“窥”到陈先生身上令她喜爱的部分特点，而她却自动“脑补”了其余并不了解的地方，故而才产生那样的好感和期待。

想要相携一生的两个人，终究会在相处中对彼此有深入的了解。因此，在消失了最初的悸动之后，王小姐与陈先生并未能成功牵手。

在现实生活中，我们与之打交道的大部分人，实际上都不会有机会与我们深入到彼此的生活之中。换言之，当你与一个人打交道时，哪怕你们身上只存在一二分的相似之处，只要让对方从这管中“窥”到的正巧是这一二分，自然也能营造出志同道合的好感度。

这是欺骗吗？非也。不过话说回来，哪怕就这一二分，不也是你的真性情吗？

还是那句话，所谓“志同道合”都是谈出来的，就看你是否会“谈”，是否懂得“谈”的艺术罢了。

5. 亮出个性，才能让人印象深刻

有人问过我一个问题，说：“和一个人聊天，要达到什么样的效果才算成功？”

既然提到“成功”二字，那大约可以将这个问题的前提设置为“有目的性”的打交道。既然是有目的性的，那当然必须达到目的，或者能够产生某些对达到目的起到推动性作用的反应，才算得上是一场成功的交谈。

而通常来说，与人聊天、交流，能够获得的最直观的好处，当然是拉近彼此间的距离，给别人留下一个好印象——只有实现这一点，这场谈话才不会无功而返。

相反，如果一场谈话过后，对方反而对你心生恶感，敬而远之，那这场谈话很显然就是极其失败的“作品”了。

而除了“成功”和“失败”之外，还有一种情况是我认为最悲哀的，那就是打过交道、谈完话之后，竟不曾给对方留下任何印象——没有存在感啊！

客观来说，想要给别人留下印象，的确也不是件容易的事儿，尤其是那些身份与你差距较为悬殊的人。

试想一下，哪怕只是平凡的我们，每一天也都会和无数人产生交集：擦肩而过的路人，挤公交时发生摩擦的乘客，在菜市场买菜的大爷，送快递的小哥，某个回眸一笑的漂亮售货员，见过几次面的客户……而真正能在我们脑海中留下印象的，却寥寥无几。

你看，平凡的我们尚且如此，更何况那些“贵人事忙”的大人物呢！

有人可能会说，既然是与你的身份差距悬殊的大人物，那么仅仅通过数次的交谈，即便想尽办法给他留下些许印象，也不可能借此去攀扯上交情，又有什么作用呢？

有用吗？自然是有用的。

很多生活镜头中都出现过类似这样的情节：某某抬头一看，眼前这个人有些面善，明明是第一次见面，却又生出些熟悉的念头，无端就起了亲近之心……

这就是印象的作用。

相比全然陌生的事物来说，人对自己熟悉的、有印象的人或事通常都更有亲近感——哪怕你一时之间想不明白这种熟悉感从何而来，但只要有这种感觉，往往都会感到些许亲切。

试想一下，当你面对一群陌生人的时候，在其中突然看到似乎在哪里见过，莫名有些熟悉的一个面庞，你会不会多留意这人几分？这是非常显而易见的事情。

所以说，与人打交道，你能够给人留下些许印象，就说明这场谈话是有意义的，哪怕这种印象并不足以让对方长久地记得你。

那么，究竟怎样才能给别人留下印象呢？

俄国心理学家雷斯托夫在研究人的记忆时，发现了一个非常有趣的现象：当你参加一场人数众多的宴会，在主人的介绍和引导下与来宾一一握手之后，通常能够记住或者能够留下印象的，都是那些在身形、相貌、年龄或者地位等某些方面有着突出特征的人。

而通过总结，雷斯托夫发现，生活中还有很多类似的现象。于是，这位心理学家通过推测得出一个结论：人们往往更容易记住那些特殊的事物。

这其实不难理解。我们每天都会接触到数以万计的信息，而大脑不可能将这些信息全部“收录”在内——它会通过一些程序，对信息进行筛选，在这个过程中，那些毫无特色的信息根本不会被大脑所“留存”。

试想一下，你去参加某场聚会，这场聚会上有很多你不认识的人，他们鱼贯而入，就在这个时候，突然有一个人跌倒了，并打翻了一碟子酱料。在这些人之中，你是会注意那些平平常常走进来的人，还是会注意这个突然跌倒并打翻酱料的人呢?

再试想一下，当你参加完聚会，第二天和朋友说起聚会上给你留下印象的陌生人时，你通常会怎么说?你能准确记住你有印象的每一个人的名字吗?当然，如果你记性的确很好的话，或许真能记得清楚。

但就大多数人而言，我们听到更多的都是诸如“那个说话声音特别大的”“那个摔倒了的”“那个头发染得特别黄的”“那个特别喜欢显摆的”……这一类描述。而事实上，这些描述也正是你记住他们的原因。

假设在你参加的聚会中，有这样一个人：长相不突出，打扮也不特别，平平常常地走进来，平平常常地入座。吃饭的时候，你们可能有过一些寒暄，甚至相互进行了自我介绍。再或者，你们还进行了交谈，但也非常平淡，既没有感觉不好，也没有觉得特别好……

这样的人，你会记得吗?即便他一直就坐在你旁边，恐怕你也很难对他产生印象吧?

可见，想给别人留下深刻的印象，你就必须要亮出自己的个性，让对方看到你的与众不同之处。只有这样，你才能拥有辨识度，才能让别人——哪怕记不住你的名字也可以通过这个特点迅速想起你。

有的人为了引起别人的关注，显示自己的与众不同，常常会故意做一些反常规的事情，或者故意做出一些出人意料的举动，或者发表一些违背常理、公共道德的言论等。他们自以为这就叫个性，这就是与众不同。

事实上，这些违反常规的举动，的确会引起别人的注意，甚至会给别人留下深刻的印象，但这种印象往往不会是什么好印象——这跟一个疯子出现在大街上，或者一个傻子当众满地打滚所引起的关注，没有什么不同。

彰显个性，最重要的一点是，你得表现出技术含量，让人能够在对你印象深刻的同时，也能对你所表现出的这一特性产生钦佩，或者欣赏的正面情感。

比方说，你可以展示自己与众不同的某项技术、某方面的学识，人生经验，爱好、特长，或者性格的某一特性，等等。换言之，你所展示的个性必须得有亮点、有实力，这样才能给人留下能够为你加分的好印象。

要做好这一点，你就必须对自己有充分的了解，知道自己的优点是什么、缺点是什么，然后通过扬长避短来制造出能够让人印象深刻的闪光点。

如果你长相漂亮、身材好，但不善于交际应酬，那么，不妨在穿着打扮方面下点功夫，让人一眼就能从人群中注意到你。

如果你相貌平平，但幽默风趣，那么，在与人打交道时不妨保持自然的姿态，将小幽默融入你的谈资中，激发对方与你谈话的兴趣。

如果你外表不甚出众，言谈也不够有趣，但对某种技能相当熟练，对某个领域的知识相当了解，那么，不妨抛出几个专业术语、几条深奥的原理，给人制造出“博学多才”的印象。当然，千万不要滔滔不绝，毕竟对方未必能听懂你在说什么。

无论如何请记住一点，你想让别人对你产生好印象，首先你得想法子让别人对你有印象；而你想让别人对你有印象，那么，你就得想法子表现出你的与众不同之处，让人可以在众人之中看到你、注意到你。

6. 与其自作聪明，不如加点“愚钝”

我有一位学员 A，在某公司担任部门经理。有一阵子，他发现，他的部门有一个员工工作表现比较差，缺乏积极性。

在 A 看来，这是很多职场新人都会出现的情况，毕竟是年轻人嘛，刚进入社会，都免不了有些浮躁的毛病。于是，他决定要鞭策一下这个小伙子。

一天中午，趁着午休的时间，A 把那名员工叫到办公室，开始和他谈话。他语重心长地对那小伙子说：“你们这些年轻人，什么都好，就是不踏实，好高骛远，又不想拼搏，世上哪有这么好的事情啊？又能闲，还有钱，可能吗？

“你们现在正是吃苦、拼搏的时候，工作不积极，怎么可能有晋升的空间呢？我很了解你们这些新人，老是觉得自己挺能耐的，干这些事情大材小用了。这种想法完全是错误的，不可取的。以前我年轻的时候，也这么想过，后来……”

A 滔滔不绝地说了一大通，试图“点醒”这位新员工，激励他摆正工作态度，努力工作。

但这次谈话显然并没有达到他的目的。事实上，他在说了一大通之后，并没有从这个年轻人脸上看到他有丝毫的触动，反而似乎还透出了淡淡的不快。

结果，没想到的是，在一个偶然的机会下，A 和另一个员工聊天时这才知道，原来那名新员工那阵子工作状态不好，是因为他的母亲生病去世了。

其实，很多人都会犯下与 A 相似的错误，那就是自以为很聪明，自以为很了解别人，把自己的主观臆测强加到别人头上。但实际上，却往往是自作聪明——臆测也与真相背道而驰。

大家或许都从自己的父母口中听到过这样的话：“你一撅屁股，我就知道你想干什么……”父母之所以会说出这样的话，主要是基于对子女的了解，毕竟对于每个人而言，与自己关系最为亲密、相伴最为长久的人，正是自己的父母。但即便如此，父母对我们的了解和“预测”也总会有出错的时候。

人性是非常复杂的，哪怕你与一个人朝夕相处数十年，也不意味着你就能完全看透这个人。因为社会一直是在发展变化的，每天的所见所闻，都会对我们的思想及行为造成影响。

因此，不要试图去给一个人下定论——很多时候，当你以为自己了解了一切的时候，或许正在远离真相。

何安明是一家汽车综合店的推销员，这天，一位老客户来到店里，打算买一辆新车。何安明与这位老客户打过多次交道，自诩对这位客户非常了解——毕竟，如果不是确实对服务感到满意，这位老客户也不会成为何安明的回头客。

因此，在得知这位老客户想要买车之后，何安明甚至没有询问他的任何需求，就直接把自己认为合适的车型推荐给了客户。最后，在经过一番选择之后，这位客户订购了一款新出的大众车，并约定一个月后提车。

一个月后，这位客户如约来提车时，正巧看到店里新摆出来的一辆奔驰。客户惊讶地问何安明：“你们店里原来也卖奔驰啊？”

何安明点点头，回答道：“是啊，这款是今年最新的型号，您有兴趣看看吗？”

客户摇摇头，有些惋惜地说道：“这辆车我上个月就已经买了，就是在你们店里订大众车的那天。那辆大众车是买给我女儿开的，我自己一直打算换辆奔驰，那时候也不知道你们店里有卖，就去了对面那家店订了。早知道你们这里有，我就不用跑两趟了，跟你买过这么多次车，交给你我也放心……”

听到这话，何安明真是恨不得抽自己几个耳光。

自作聪明，让何安明和一笔大生意失之交臂，再怎么后悔也都来不及了。

每个人都希望别人眼里的自己是聪明的、有能力的、优秀的，因此常常会为了塑造这样的形象而特意做出一些事情来“表现”自己。但其实，很多人都不明白究竟什么才是真正的聪明，以至于聪明反被聪明误，反而做出了不少适得其反的事情。

其实，在与人交流的过程中，适当地表现出一点愚钝，往往比一味地追求聪明更能给人留下好印象——要知道，人天生就拥有表达欲，渴望得到表现的机会，获得他人的认同和赞美。

你有这样的需求，别人同样也有。

因此，懂得留一些聪明的机会给别人，反而会为你赢得更多的好感度，同时也规避了自作聪明的风险。

我的朋友肖总，最近在公司提拔了一个年轻人W做自己的助理。这个年轻人原本是一名收发员，进公司还不到三个月，以这等速度升职，快赶上坐直升机了。

W 非常聪明，最大的特长就是记忆力极佳，进公司不到一个星期，就把公司上下每一位领导的头衔和姓名、每一位同事的姓名和岗位，都记得清清楚楚。

办公地点是上下两层楼，出于工作原因，W 常常需要到各个部门收发邮件，也经常会在走廊里遇到领导。而每次遇到领导的时候，他都会先问一句，领导需要到哪一个部门。

肖总也常常会碰到 W。有一次，肖总刚办完事回公司，又和 W 在电梯里巧遇了。W 照例问了一句："肖总您好，请问是要到八楼吗？"

肖总觉得很奇怪，便反问道："你天天跑我办公室，怎么每次都要问我到几楼，难道你还不清楚我的办公室在几楼吗？"

W 笑着回答："我知道您的办公室在八楼，但我并不知道您是打算回办公室，还是要去别的部门交代工作任务，因此我不能自作主张。"

就因为这句话，W 得到了令人羡慕的升职机会。

聪明人是讨人喜欢的，但自作聪明的人，就极其令人讨厌了。但凡领导，都不会喜欢手下猜度自己的心思，更别说替自己做决定了。

W 的聪明之处就在于，他懂得严防死守自己与领导之间的

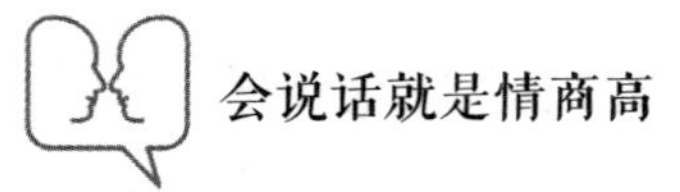

那条“界线”——哪怕只是像乘坐电梯这样一件看似无足轻重的小事，他也充分表现出了对领导的尊重和敬畏。

这样做，乍一看，可能让人觉得他过于愚钝死板、不懂变通，但实际上，这正是他最为聪明的地方。

一个真正有智慧的人，是懂得收敛锋芒、审时度势的。

因此，在与人打交道的时候，想要赢得对方的好感，与其总想着表现自己，担负“自作聪明”的风险，倒不如加点“愚钝”，把精彩留给对方——要知道，有时候懂得装笨才是真正的聪明。

大智若愚，这也算是一门技术活。

第二章

多数知识难变现，但可以当作谈资

一个人学知识，当然不是用来夸夸其谈的。但是，我们也要知道，如果一个人不能将自己学到的知识用合适的方式表述出来，那么，这些知识对于他来讲，多半是没什么实际用处的。而且，在这个信息爆炸的年代，将自己所掌握的知识、信息合理地发布出去，从而换取对等的新知识和信息，这也是我们提升自己的一种方式。

所以，学会把知识当作谈资，不仅是一种引发话题的手段，更是一种提升自我的方式。

1. 知识沟通法则

我们学知识，大多数时候其实蛮功利的——我们会想：我们学到的这些知识，在生活、工作中一定要起到作用？

不过，由于目前通行的是“素质教育”，我们要学习的知识门类很多，而且，有很多我们学到的知识，其实和我们赖以生存的“专业”是不相关的。比如说，我们都学过地理、生物、物理、历史等课程，但如果我们不是相关的专业人士，这些知识对以后自己的工作和生活的帮助会很有限。

但它们真的没用吗？非也。

我认为，任何知识都有一个最起码的用途——作为谈资的补充。这也算是“变废为宝”了，更何况，在看完本书接下来的内容后你就会知道：没有哪些存在你肚子里的知识是“废”的。

美国传播学家蒂奇诺等人，曾在一系列实证研究的基础上提出了一个概念：知识沟。

这个概念的含义是：社会经济地位高的人，往往能比社会经济地位低的人更快地获得信息，所以，大众媒介传送的信息越多，这两部分人所拥有的知识差距就越大。

蒂奇诺认为，“知识沟”的扩大，具体有四个方面的原因：

第一，传播技能上的差异

受教育程度高的人，理解能力更强，阅读量更大，因而，他们获取知识的效率高，涉及面广。

第二，知识信息储备上的差异

这些见多识广的人，先前从大众传媒和正规教育渠道得来的知识越多，现在对新事物、新知识的理解与掌握也就越快。

第三，社会交往方面的差异

交往圈子有大有小，有些人参加了更多的社会团体，人际交往比一般人更多，由此，他们扩大了与别人讨论事务性话题的机会。因此，社交活动越活跃，获得的知识信息就越快越多。

第四，离信息的距离有远近之分

每一条信息都有源头，随着信息的传播，信息的真实度、及时性、可信度就会越弱，所以离信息越近的人，就越能获得优质信息。

各位读者发现没有，在“知识沟”理论中，你是否能够站在信息和知识传播的制高点，很大程度上取决于你的沟通方式和沟通圈子。

还有，你本身所掌握的信息、知识越多，就越能接近良好的信息源头，越能理解信息中所包含的实质内容。

说了这么多理论，我就举个例子来佐证一下“知识沟”所涉及的一些内容。

世界各地、各城市，都遍布着无数“会展中心”。在那里，每天有各种各样的会议、论坛在召开，诸如“品牌农业论坛”“高科技发展论坛”“国际马铃薯大会”等，每个行业、每种学科，都会定期或不定期地召开一些论坛和会议。

很多人花钱去开会，而且参会费用往往不菲。

年轻的时候，我很难理解，那些企业家或者行业人士为什么会愿意把金钱和时间花费在这种事情上。因为我觉得，会议上无论是那些所谓的行业领军人物，还是各级部门领导所讲的内容，大都非常空洞，没有什么实质性。

但是，随着社会阅历的增长，我逐渐发现了其中的奥妙。

首先，那些高层人士在会议上讲的话，虽然并不见得是什么新理论，或者是什么有可操作性的方法论，但是，他们所讲述的内容代表着某种趋势。

比如说，现在很火的“互联网 +”的理念，很早就有人提出来了，几乎所有搞互联网的人在五年前甚至十年前，都接触过相关知识。

但是，当这种理念从行业领军者和领导的口中讲出来的时候，就意味着它将成为一种趋势，未来行业中发展的重点会汇集于此，国家各方面的扶持政策也会向这个领域倾斜。

这样看来，这个信息对于相关从业人士来讲，就非常有用了。

如果让不了解相关知识、不懂得行业背景的人去参加会议（比如年轻时候的我），就只能大概地记住几个概念，至于这几个概念到底指什么，那就完全不知道了。所以，我（你）便会觉得："参加会议这种沟通方式是空洞无用的。"

由此可见，一个人越是缺乏某个领域的知识，那么，他在这个领域吸取知识的能力就越差。这是绝对的真理。

其次，就算会议上确实没有人提出有用的信息和见解，但是，最起码将一群同行业的人聚集到了一起——这些人在私底下的沟通交流，本身就像一个信息涌动的大熔炉，如果你善于交流，也拥有关于这个行业的一些见识，那么，很容易会在沟通中"套"出更多的信息——这对于你无疑是非常有利的。

你看，这就是"知识沟通"的重要性。

当我们试图从别人口中获取某信息的时候，自己首先要有这方面相关知识的储备。

第一，你的知识可以作为和别人交换的"筹码"，也就是说，在聊天的时候，你只有把你自己的知识和见解作为谈资，对方才会愿意把他的知识说出来——要是你只索取，不付出，没人会白白地把自己的经验分享给你。

第二，就算有人愿意白白地把知识分享给你，你也得有相关的知识基础才能听得懂。假如你完全不懂广告传播学的一些基础知识，现在你又要用到这方面的一些知识，于是你去向相关人士请教——相信我，即便人家愿意教，你也听不懂，白搭。

这就是我所强调的“知识沟通”法则。

当我们用自己的知识在沟通中与人交换知识时，当我们用自己的知识获取更高层次的沟通环境时，我们曾经学过的所有知识，你只会嫌少，不会嫌多——因为你不知道自己会在什么时候，需要哪个领域的知识来介入话题、引起关注。

那么，我们如何更好地用知识武装谈资，在沟通中获取他人的知识和信息呢？我总结了三个方法：

第一个方法：提高对信息的敏感性

三个得力下属 A、B、C，和领导闲聊，领导无意中说了一句：“最近 VR（三维虚拟现实技术）很火啊，这东西真的有那么神奇吗？”

A 根本不知道 VR 为何物，所以他根本无法汲取这方面的信息。

B 知道 VR 是什么，但他对于领导说的话没有在意。

C 知道 VR 是什么，而且，他还敏锐地意识到领导这么忙，还抽空了解 VR 技术，很可能公司要引进这项新技术了。于是，他开始格外关注这方面的信息和知识，并多次跟领导汇报相关内容。

如果有朝一日，这个领导要启动一个 VR 技术的项目，会让谁负责？毫无疑问，肯定是 C。

A 由于缺乏这方面的知识，所以没能想得更深。B 虽然懂，但是由于他对信息的敏感度太低，所以错过了机会。C 既懂行又敏锐，所以他才能领会领导的用意。

这就是信息敏感度的作用。

我为什么要写这本关于“谈资”、关于“聊天与情商”的书，其实就是因为，很多有用的信息不是在重要会议上宣布出来的，而是在私底下闲聊出来的。

在闲聊的时候，我们要有从谈资中寻找有用信息的敏感度——没有见微知著的敏感性，就缺乏对信息的提炼能力，也就很难判断每条消息、每份资料的价值所在。

因此，要增强信息敏感性，只有见微知著，做到眼光毒、行动快，这样才能把自己由外行变成内行，始终走在前列。

第二个方法：建立信息关系网

你想要获取某方面的知识，就要学会和这个行业的人扯闲篇，融入到他们的圈子里。

举个例子，假如你们公司现在想要开展无人机业务，你去找相关的专业公司去咨询，其效果远远不如你加入某个相关 QQ

群，随便聊上半个月反而能获取更多的信息。

所谓“一个篱笆三个桩，一个好汉三个帮”，进入一个圈子，哪怕是在圈子里闲聊，所获得的信息量也要比在圈子外面探头探脑地观察来得有效。

当然，还是那句话，你想融入某个圈子，还是要有关于这个圈子的一些起码的知识储备。否则，进去也是白进去——人家聊什么，你根本听不懂。

第三个方法：整理自己的知识

在实际生活中，我发现很多人虽然掌握了一些基础知识，但却把这些知识都挖了个坑埋在自己心里，不会也不打算用了，所以，他们总是显得很缺乏常识。

这种缺乏常识的形象，具体到沟通的过程中，很容易给人造成非常不好的印象。

有个女记者去采访一位农业专家。

这位专家为了把自己的研究成果传达给她，从很基础的知识开始，一步步地做了深入介绍。但就在介绍一些基础知识，比如光合作用、土壤腐殖质的时候，这个女记者却一窍不通，懵懵懂懂。

最后，老专家火了，说道：“这些知识都是初中生物课上学过的，你初中的时候在干吗？”

那位女记者面红耳赤，说道：“初中课本是讲过，现在都忘记了，我也没想到您的研究和这些有关。”

老专家瞬间失去了和她沟通的兴趣。

所以，对于我们学过的知识，我们要有整理和联想，尽量地把它们用到实践中，不要浪费我们的书本费。

2. 用“小道消息”打破认知壁垒

交流的目的是什么？简而言之，就是打破“认知壁垒”。这是一切交流活动的根本。

怎么理解认知壁垒呢？

其实很简单，就是我们每个人都有信息的“盲区”，与此同时，我们又掌握着一些别人所不知道的信息，“已掌握信息”和“未掌握信息”的界限，就是“认知壁垒”。

理论上讲，人作为一种社会性动物，掌握的信息越多，就越能获得竞争优势，这是不言自明的。因此，但凡是上进之人，都有对于信息的渴求，都有打破认知壁垒的意愿。

假如我们能够充当信息的提供者，就一定能在交流中占据主动地位。换句话说，就是你的谈资中包含的有效信息越多，就越能在交流中占据主动地位。

不知道你发现没有，那些被大多数人认为善于聊天的人，他们的“谈资”往往都很新奇，或者是一般人不知道的“小道消息”，或者是绝大多数人都没有想到的“深层次问题”。

总而言之，他们所释放出的信息，恰恰能戳中他人的“信息盲区”。因此，他们的话有人愿意听，也愿意参与到他们挑起的话题中。所以，这类人总能站在交流的中心位置。

有一天，我在机场遇见不算太熟的经济学者 C 教授。

当时我起了个大早赶飞机，精神不是太好。而我和这位经济学者也只能说是泛泛之交，所以和他寒暄了两句之后，我便不再说话，开始盯着候机大厅的电视看了起来。

其实，电视里播放的内容我没太在意，只不过是想借此来停止谈话，乘机休息一下。

这时，电视里在播放一条关于“打假”之类的新闻。C 教授可能认为我对这方面的内容比较有兴趣，于是便顺势把话题引到了这个方向，说：“现在这个市场上的确是假货泛滥啊，最可怕的是由于工艺的发展，许多假货都已经能做到以假乱真了，一时之间还真分辨不出来。”

我本不想多说话，便随意答道：“是啊，所以我买东西一般都去专卖店买，比较放心。”

C 教授却摇摇头说："那倒未必，听说不少专卖店都是真货掺着假货卖的！"

我皱了皱眉头，答道："不会吧，专卖店总归是有保障的。"

C 教授稍微提高了点音量，说："何止专卖店不可信，现在连到国外去购物，都是有可能买到高仿货的。而且，现在不少高仿货做工也十分精良，尤其是什么背包、衣物之类的，一般人还真看不出是真是假。"

我有些疑惑地看向他："不至于吧，这些商家大部分是连锁店，就不怕因为贪这点小便宜损害自己的形象？"

C 教授笑了起来："且不说有的高仿货已经达到以假乱真的地步，就说作为消费者，你能通过什么途径来确认自己买到的东西是真是假呢？"

我想了想，一时之间还真给不出答案。通常来说，网购的商品都打着"支持专卖店验货"的字样来证明自己的产品真实可靠，那专卖店的商品又该怎么确定真假呢？

C 教授笑了起来："所以说，很多时候，你根本不知道自己花了那么多钱买到的是真货，还是高仿货。至于在别人眼里，你身上的名牌是真是假，主要还是和你的地位、财富挂钩的。比如，你坐个公交车，哪怕手上戴着劳力士手表，也没人会多瞧一眼；你开着宝马车，哪怕穿着普通的休闲服装，也可能让人以为是时装周的潮流新款。"

“这大约就是包装的重要性了吧！”我感同身受地点头说道。

话聊到这里，我的沟通欲望也逐渐被勾了起来，我们两个人开始畅谈，从高仿货与真货谈到包装的重要性，再谈到人的表里不一。

在聊天的过程中，C教授也并不是只挑自己懂的话题说，而是不断地向我问一些我比较懂的问题。这进一步激发了我的表达欲，我们聊了很长时间，直到要登机了，才“恋恋不舍”地各自上了飞机。

事后，我回想起这件事，才意识到自己中了圈套：这位经济学者用一些他所掌握的“小道消息”，将我引入到了他的话题里面，让原本毫无沟通欲望的我，变成了一个积极配合他交流的聊天对象。

而且，C教授的精明之处在于，他不仅善于用自己的知识作为打开沟通渠道的钥匙，还特别注意在沟通中汲取别人的知识——在聊天过程中，他问了我许多关于我的专业问题，由于我当时处于“闲聊”状态，所以，便很轻易地把本行业中的一些“门道”都讲给他听了。

你看，就在这不到一个小时的短短时间里，C教授不仅找到了一个聊友，还捎带着学习了一些其他行业的知识，多划算！

之后，我偶然在一个场合里听了这位经济学者的演讲。他的知识面非常丰富，在讲述自己专业领域问题的同时，也能把本专业的内容和其他领域的知识结合起来，很有见识。

我想起了在机场发生的那件事，不禁感慨：这个人真是既会展示自己的知识，又会汲取别人的知识，值得学习。

我希望读者也可以学习一下这位经济学家的本事：用知识（见识）武装自己的谈资，同时也在沟通中主动汲取其他知识。

要学习这一点，最重要的其实是一个理念问题：我们不能把聊天完完全全地当成一种消遣方式，也要带着一点“目的性”。

这个目的性，不是说你和某人聊了一会儿天，就马上能学到一种本事，或者是立刻掌握“用得上”的信息，而是说你要抱着“三人行必有我师”这个古老而朴素的真理，尽量去汲取他人知而你不知的道理。

这些道理或许在当下看来对你并无裨益，但你要始终相信，进了你脑子的东西，终有一天你会用得上。

这是一个良性循环的过程：你掌握了很多知识——你用这些知识去吸引他人和你交流——在交流中你掌握了更多知识——你用这些知识去吸引他人和你交流……在此过程中，你会变得越来越强大。

可能有人会觉得，知识是用来“专研”的，而不是鼓唇弄舌去“卖弄”的。

有这种想法的人，可能会举出一些例子，比如，某方面的成功者，平时别人和他聊起他专业领域里的一些事情，他总是不愿意多说。再如，我曾经打算和某某专家探讨一些关于他专业领域里的问题，人家根本不愿意多说。

对于这种观点，我只想说一句话：那些人之所以不愿意和别人探讨自己的专业内容，是因为这个“别人”对他的专业所知甚少，人家不想给你从小学开始讲基础知识罢了。

相信我，这些在某个领域有所成就的人，绝不是那种闭门造车的人。如果他们遇见知音，你会发现，他们马上会像变了一个人似的，比谁话都多。

有一位大学教授，在学生面前常常冷若冰霜，说的最多的一句话就是：“这么浅显的道理，我怎么就跟你们说不明白呢？”

此人不仅在学生面前话少，跟同事之间也交流甚少，许多同事都用“清高”两个字形容他。但是，每当同事遇到难题的时候，还是会规规矩矩地去请教他，因为这位教授在专业上造诣颇深。

教授平时生活非常规律，每晚十点睡觉，早上六点起床，雷打不动——就算学校里有什么重大活动，只要是超过他规定的睡觉时间，也是一概不参加的。

但是，某一天，奇怪的事情发生了：教授的一位老友来学校拜访他，两个人从下午一直聊到了晚上，吃完饭，从晚上又聊到了次日清晨。

第二天上午，教授来到了教室，虽然一夜未眠，但讲课时依然是神采飞扬，话还更多了起来。

有同学小心翼翼地问："老师，您今天为什么这么高兴呀？"

教授说道："与博学老友畅谈一夜，学术、见识均大有进益，所以高兴呀！"

看！不是教授不爱聊天，而是不爱和凡夫俗子聊天。

其实，所有人都是这样：遇到那些见识浅薄但偏又自命不凡的人时，心里自然不爽，但是限于教养的约束，又不愿意当面拆穿、反驳，只好不说话了。

反过来想想，如果我们试图和某人就某些问题展开讨论，一定要增长自己的知识水平，多懂得一些别人不懂的东西才行。

3. 为什么有人满腹经纶却笨嘴拙舌

之前我说过，要想能够加入话题圈子，站在话题中心，就一定要有知识作为武装。但是，现实中存在着这样一些人——

他们满腹经纶，写起文章来也是下笔如风，可在和他人聊天的时候，立刻就变得笨嘴拙舌。

这是为什么呢?

我的答案是：这些人不具备将书面表达转化为口头表达的能力。

一个情窦初开的小伙子，踌躇了很久，决定给心仪的姑娘写封情书表达爱意。当时，一帮朋友都笑话他：什么年代了，还用这么老土的办法。

但是，当他把拟好的情书给朋友看了之后，大家都闭嘴了——情书写得太好了，情真意切、爱意绵绵。

当这位小伙子把情书悄悄寄给那个姑娘后，那姑娘也可能是被感动了，同意与他接触一下。

一般来讲，都走到这一步了，他俩肯定是有戏。但两个人私下见了几次面之后，小伙子很沮丧地告诉朋友：姑娘说，他俩不合适。

朋友问他："你知道什么原因吗？"

小伙子沮丧地说："我每次见到她的时候，都不知道该说什么好，吞吞吐吐不知所云，场面非常尴尬，可能就是这个原因吧。"

后来有好事之徒去找人家姑娘打听原因，那位姑娘说："他啊，见了面连一句完整的话都说不出来，这样一个人，怎么可能写出文笔那么好的信呢？肯定是让别人代写的。这种人不诚实，不值得交往。”

姑娘确实冤枉了这位小伙子，但小伙子自身的问题也的确很大，那就是——他不具备将书面表达转化为口头表达的能力。看来，不学习这方面的技能是不行的。

所谓的书面表达能力，其实包含了很多方面，写公文、写文章甚至写情书，都是书面表达的能力。书面表达能力最核心的因素是什么呢？一是逻辑清晰，二是知识储备跟得上。

口头表达的核心要素，要比书面表达多两条，那就是“及时处理信息”的能力和“根据当前场景组织语言”的能力。

正因为多出来这两个要素，所以出现了会写不会说的情况。

下面，我们来分别说一说如何将这两个要素应用到实际中的方法：

首先，口头表达需要有及时处理信息的能力。

你写文章的时候，在某个地方卡住了，你可以反复推敲，花上五分钟、十分钟，甚至更长的时间去组织语言。但是，当你和别人说话的时候，留给你停顿下来思考的时间，会短得多——只有 3 ～ 5 秒钟。

根据我的观察，在和某人聊天的时候，如果突然停顿下来，那么，对方最多可以容忍 5 秒钟的“空场”时间。超过了这个时间，对方就会插入话题，并认为你已经“无言以对”了。

不信的话，读者朋友可以自己试一下：你去和某个人谈话，话说到一半故意停下来，做思考状，然后在心里默数时间。

我敢保证，5 秒钟之内对方一定会接过话头，那么，你便失去了继续表达的时间。所以，在我们与人交流的时候，为了避免脑子跟不上嘴，要注意以下三个方面的内容：

第一，尽量用短句

长句中包含更多的信息和逻辑关系，需要考虑的内容较多，在书面表达的时候是可以使用的，因为有足够的时间反复推敲。

但是，在口头交流的时候，如果总是用长句，就非常容易卡壳。而且，长句对于听的人来讲，也需要调动更多的思维去“解析”。所以，那些经常用长句交流的人，即便他们说得很流畅，也会被人定义为“和他聊天很累”。

相反，短句虽然信息量少，但是却能给人言简意赅的感觉，更容易给人留下好印象。

第二，在口头表达的时候，可以用一些虚词或虚句来过渡一下

有些人在讲述一个故事的时候，讲到紧要关头，会反问一句：“你猜怎么着？”这就是典型的“虚句”。这句话虽然和他讲述的内容没有直接关系，但是起到了承前启后的作用。与此同时，他也通过这句话给自己争取了一些时间，来组织后面的语言。

我发现很多即兴演讲的高手，都善于采取这一手段：在他们需要时间考虑接下来要说什么的时候，他们会抛一个问题给听众，从而给自己留下思考的余地。

第三，少用文学技巧，多用“感觉”

有些人讲话的时候，喜欢运用一些文学技巧，像“迂回”“铺垫”之类的。但是，如此一来，也极大地增加了自己组织语言的难度，增加了卡壳的概率。

在我的观察中，生活中除了那些从事专业工作的人，如说书人、培训师等，很少有人能将文学技巧妥善地应用到实际交流中去。而且，这些人之所以能够在讲话中运用文学技巧，也是因为事先准备得很充分。

在生活中，大部分交流内容其实是随机性的，所以，我们应极力避免自己的语言中充斥太多这方面的技巧。

在我看来，想要让自己的话更容易打动倾听者，我们应该更多地去描述“感觉”。

例如，你想说自己当时很恐惧，与其说“我当时啊，那真是万念俱灰”，不如说“我当时啊，身上的寒毛一下子都立了起来，身体僵得都有点不受控制了”。你想形容一个女孩长得漂亮，与其说“沉鱼落雁”，不如说“那姑娘头发乌黑，脸就像桃花一样粉嫩”。

总而言之，你将自己看见的、接触到的、感受到的说出来，会让倾听者更有共鸣，也更能体会你所描述的情境。

这是让我们可以在聊天中及时处理信息的方法。下面，我们再来谈一谈根据当前场景组织语言的方法。

很多时候，我们不是肚子里没有谈资，而是不知道当前应该把哪方面的内容拿出来当谈资。所以，明明有千言万语，却不知从何谈起，这就需要你提高情商方面的训练。

我有个朋友，是个十分有趣的人。之所以说他有趣，是因为这个人有个非常“可爱”的特点：每次和人辩论，基本上总是大败而归。

但是回到家，躺到床上的时候，他却总能想到应对办法——这时候，他往往是手往床上一拍，长叹一声说：“当时我要是这么说，岂不把他说得哑口无言？”但事实上，那个每每哑口无言的人却总是他。

他问我：“你为什么总能把自己知道的东西，在谈话的时候马上说出来，而我为什么总是在事后才能想到？当时自己要是这么说就好了！”

我笑道：“那是因为，你在学习某些知识的时候，就没想到自己有一天要把它们说出来。”

朋友想了想，点点头说：“有道理。”

出于职业习惯，我在学习新知识的时候，总是会下意识地考虑，如何把这些知识与人分享。其实，“分享”是一种好听的说法，当时我的心里也有“显摆学识”和“用知识去反击别人”等鼓唇弄舌的小心思。

有了这个出发点，我会在心中默默整理自己已有的知识，给它们归类：哪些知识是可以当作趣闻讲的；哪些知识是在别人遇到了某种难题的时候，用来帮助解决问题的；哪些知识是在别人责难我的时候，可以用来反击对方的……

你看，其实我在学习知识的时候，已经考虑如何在交流中应用它们了。

当然，这种习惯是我的职业赋予我的本能，并不具备推而广之的价值。但是，我想，阅读本书的大部分读者，可能也是在职业上有提高沟通能力的需要——所以，我的这个方法，有些读者可能也用得上。

有一次，我去买电脑，电脑销售员是一个非常年轻的小伙子，我发现他就是那种特别善于在工作中应用自己知识的人。例如，他给我介绍电脑的特点之前，先问我买电脑是准备干什么用的。我说自己经常出差，有时候不得不在外面办公，所以想买一台电脑随身带着备用。

这个小伙子马上就从众多的笔记本电脑中拿出两款，对我说：“您看，这台是某品牌新出的笔记本电脑，最大的特点就是重量轻，只有 840 克，相当于一大杯咖啡连同杯子的重量。

“而另外这台电脑呢，虽然稍微重一些，但是电池的蓄电能力非常优秀。一般来说，14 英寸笔记本电脑标配的六芯电池，实际应用时间在两小时左右，但是，这台电脑可以连续播放六小时以上的视频，这是我自己亲测的，绝对靠谱。”

这个销售员给出的选项，恰恰切中了我的需求痛点。我略微思考了一下，就在两台电脑中间做出了取舍，很快和他达成了交易。

后来，我想起这件事的时候，对这个小伙子的印象非常好。因为，其他的销售员在介绍电脑的时候，只是在和我讲配置、讲品牌。

说实话，我对电脑的了解不是太多，别人给我介绍 I5、I7、固态硬盘、机械硬盘等专业知识的时候，我是没有多大概念的，自然也不容易激起我的购买欲。

但是这个小伙子，很明显，他在汲取电脑知识的同时，就已经给这些知识分了类，并且针对不同的消费需求，匹配了相应的功能配置。所以，这些很容易就能戳中消费者的痛点。

这就是“消化知识”的妙用。

最后总结一下，我们如何能在聊天过程中，把自己的学识有效地转化为谈资——也就是说，如何来“及时处理信息”和“根据当前的场景组织语言”？

至于如何“及时处理信息”，一是用短句，二是用虚词，三是用感觉。

至于如何“根据当前场景组织语言”，那就是及时地消化你的知识，预先设想它们的用处。

说起来容易，实践起来需要持之以恒。但方法已经有了，读者不妨去刻意试验一下，看看是不是真的有效。

4. 读书越多越孤独？可能只是你的一厢情愿

我见过一些所谓的文艺青年，读的书越多，越自闭，越不愿意和人沟通。一旦与人交流起来，话语反倒显得“弱智”。

这些人对于自己的这种状态，美其名曰：“读书越多越孤独。”言下之意就是：我懂得太多了，我境界太高了，不稀罕理你们这些凡夫俗子。

对于这部分人，我想说：“醒醒吧，如果你再这么自闭下去，懂的会越来越少。”

曾经有个朋友对我说：“我年轻的时候读了一些书，觉得自己学识渊博、境界很高，我说什么别人都理解不了，所以，越来越不愿意和别人沟通——嫌和他们说话累。

“但是，最后我发现，这一切都是错觉。这世界上比我知识渊博的人，大有人在；比我境界高的人，也数不胜数，而且，这些人就在我身边。很多平日里看起来非常平凡、不太起眼的人，如果你和他们聊得多了、聊得深了，会发现，他们其实很有内涵、很有见识。”

这位朋友说出了一个真理，那就是：在沟通中，人可以发现更真实的他人，以及更真实的自我，并从中汲取益处。

我始终坚持一个观念，那就是：从书上学到的知识，如果你不能把它们很好地表述出来，传达给别人，那么，你肯定不具备实际应用这些知识的能力。

明朝哲学家王阳明说：“知行合一。”要在行动中实践从书上学到的知识，不然，书上的知识始终是死的，而行动的第一步，就是把知识表达出来。

其实，多读了几本书并不算什么，你从书本上学到的大部分知识，其他人在生活中同样能学会，而且还能掌握得更加牢固。所以，因为读书而放弃与他人沟通，其实是非常愚蠢的事情。

很多公司有一种职位叫“产品经理”，这种职位的职能是挖掘顾客的需求，然后传达给技术部门加以实现。所以，这需要两个方面的技能：第一，要能够敏锐地挖掘顾客的需求；第二，对技术要有一些了解。否则，就会提出技术人员无法实现的需求。

这两方面的技能，可以说跨度很大，互不相关。一般来说，做市场的人没学过技术，搞技术的人又不太懂市场，所以，产品经理这个职位还是比较难胜任的。

我认识两个产品经理，其中一个是张天。这个人很有钻研精神，他为了搞懂“技术”，自己苦心研究相关知识，下了不少功夫，也算对技术有了一些了解。

按道理说，懂的技术越多，越容易干好产品经理这个工作，但是，张天却干得一般。因为，他觉得自己已经非常懂技术了，所以在和技术人员沟通的时候，往往会说：“这你都做不到？”“这个技术现在明明已经非常成熟了，你和我说难度很大，是什么意思？”

张天总是觉得自己懂技术，而技术人员所强调的困难是子虚乌有的。

但事实呢，他虽然懂，不过却离具体的实际应用还差得有点远。也正因为他懂得一些技术，所以经常提出一些更加难以实现的要求。久而久之，技术人员对他意见很大，他们相互之间的沟通越来越成问题，他的工作自然很难做好了。

而另一位产品经理胡然，对技术懂得比较少，但是他这个人善于沟通，用他的话来说，就是全靠“刷脸”。

胡然进入一家新公司后，用了两周时间就把公司各部门的三十多个人都认识了，其中有各个部门的领导，关键业务岗位的员工。他自己没事儿干的时候，就找这些人请教问题。

这么一来，首先，他摸清了各部门的职责、业务范围和业务流程，也知道了在做事的时候找到谁才能够快速地解决问题。

其次，他在沟通中也掌握了一些实用技术，并且逐渐知道了技术人员能做什么、不能做什么，擅长做什么、最怕做什么。

因此，没过多久，胡然就成了一名非常优秀的产品经理。

拿这两个案例对比一下：张天虽然有学习和钻研精神，却不能很好地完成工作；胡然虽然在专业上有所欠缺，但由于他善于沟通，反而弥补了自身的不足。

由此可见，沟通的重要性有多大。

当然，我并不是说，一个人可以不学习，只要善于沟通就能解决问题。

我想要表达的观点是：只有在沟通中，一个人才能验证自己所学的知识是否具备实际操作的可行性。尤其是在某些非常专业的领域，作为外行，与其闭门造车，不如多向内行请教几次，这样才有效得多。

关于专业领域的沟通，我们要知道这样三件事情：

第一件事情：绝大多数专业能力的积累，绝不是靠你一个人埋头苦学就能有好结果——只有不断进行与之相关的社交活动，才能让自己的专业进步得更快。各种行业协会的出现，各种科研机构的成立，就证明了这一点。

第二件事情：专业技能最终要能够造福于他人，这才有实际意义。而社交能力在很多时候都决定了，你能在多大程度上用自身的专业技能来造福于人。

第三件事情：对于很多职业来说，社交能力本身就是你需要掌握的专业能力。

在这里，我用苹果公司的乔布斯来举例。乔布斯领导的苹果公司，无疑是一家技术强、专业精的公司，他们开创了许多智能手机应用的先河，让人们享受到了科技的乐趣。

苹果公司之所以成功，不仅是因为他们在专业技术上领先于人，也是因为乔布斯这个人有着无与伦比的沟通能力：他能在沟通中了解技术应用的可行性，也能将自己的技术通过沟通让他人所接受。

假如，乔布斯像我们之前所说的那种“文艺青年”一样，在心里默默地觉得：只有我的产品才是最好的，但跟你们这些普通用户根本就说不明白，你们别管那么多，只要买就行了！

那么，会有那么多人来买吗？恐怕不会。

所以，一个人在自己有所不足的时候，要和人沟通——在沟通中找到不足，从而弥补不足。一个人可以为他人造福的时候，也需要沟通，因为沟通本身就是造福别人的一个途径。

比如说，一个程序员非常厉害，懂得很多语言，会编很高深的代码。但是他应该意识到，编程只是为用户提供好产品的一种技能和手段，而用户具体需要什么样的好产品，他还得深入到实际生活中去了解用户的需求。

假如这个程序员说："我不想和用户打交道，那样太烦人，我就想做一个这方面的研究专家。"那么，他研究出来的成果，是不是也必须和其他程序员交流、沟通呢？所以，你看，当你有了知识，你想用自己的知识去做点事情的时候，不会沟通也是不行的。

话说了这么多，听起来好像有点"批判"那些知识丰富却不善沟通的人的意思，其实不是这样的——我只是想给这部分人提供一种新的思路，让他们去发挥自己的优势罢了。

回到本书的主题"会说话就是情商高"上——其实，知识渊博的人，在这个领域有着天然的优势：

首先，阅历的优势：一个人的情商是否能吸引别人，自身阅历是非常重要的。

这阅历不仅包含亲身经历，也包含从书本中得来的经验和教训。所以，知识渊博的人往往阅历也很广泛，这是他们的第一个优势。

其次，具有形成良好沟通能力的基础。

我们常说，那些会讲笑话、会说故事的人，沟通能力强，为什么？因为，这两种方法是能给别人“提供价值”的手段。当然，这两种方法主要提供的是娱乐价值。

而一个知识丰富的人，可以给别人提供专业价值。你不需要会讲笑话，也不需要会讲故事——只要你能通过一般描述，让人懂得他之前不懂的一些知识，了解他之前不了解的一些真相，这就等于是给别人提供了价值。所以，这样的沟通是每个人都需要的。

最后，知识渊博的人很容易在沟通中占据主导地位。

相信各位读者在日常生活中，会注意到这样一个事实：一群人在一起聊天，不管这群人中有多么会讲故事的人、多么善于带动气氛的人、多么幽默的人，而最后真正能掌握沟通主导权的人，一定是知识最渊博、最能帮助其他人开拓眼界、解决实际问题的那个人。

这其中的道理很简单，也很能说明本书一贯坚持的一个观点，那就是：即便是在漫无目的的聊天中，人们对有用信息的需求，也远远超过了对娱乐的需求——你的谈资越有用，你就越能在聊天中占据主导地位；别人的谈资越实用，你就越能从聊天中得到益处。

所以，我常说“闲谈不闲”，其实就是希望读者朋友能拥有在日常沟通中获取有用信息、传达有用信息的意识。在当今这个信息爆炸的年代，面对面聊天时爆出来的信息，其实可靠性和实用性往往都很高，所以不可忽视！

5. 浪费知识是一种犯罪

小时候，我们常被父母教育要爱惜粮食，不能浪费。为增强我们爱惜粮食的意识，那句“谁知盘中餐，粒粒皆辛苦”的诗句，几乎伴随了我们的整个童年。随着年龄渐长，“不浪费粮食”的意识或许已经成为习惯，融进了我们的血液之中。

然而，我们有没有浪费另外一种“精神粮食”——知识呢？

知识浪费经常会出现在很多地方。比如，从事专业之外的工作，所学无所用；掌握很多知识，却不知如何善加利用等。

有这样一句希腊谚语：知识的价值不在于占有，而在于使用。那些一直占据我们脑海之中却总没有机会“上阵杀敌”的知识，是没有任何价值的。

这也就是说，当我们拥有了知识，却在有意无意间使之浪费的时候，实际上已经犯了罪：如果知识有生命，我们犯的就是“谋杀罪”。

是的，浪费知识是一种犯罪。

生活中，知识浪费还经常出现在交际场合，也就是交谈中。

为什么这样说呢？举一个有趣的例子：假设我有一个鱼缸，鱼缸中那些五彩斑斓的小鱼是我的谈资；而对方也有一个鱼缸，那些鱼缸里的小鱼，同样是他的谈资。

现在，我同对方开始交流：我们从各自的鱼缸中拿出一条小鱼来进行配对。重点来了——我这边拿出哪条小鱼，更适合他那边拿出的小鱼呢？是“玉兔”还是“鹅头红”，抑或是“红珍珠”？这就很难说了。

很多时候，我们在同别人交流时，所聊内容未必会是对方想听的内容，因为我们不能确定，“玉兔”还是“鹅头红”更适合对方的小鱼品种。如果配错了对儿，那么，真正适合对方的小鱼就只能浪费了。

交流时造成知识浪费，不仅会使我们废置真正有用的谈资，而且还难以达到沟通的预期效果——这就有些得不偿失了。

我的朋友宋涛在进出口公司当业务员，他平时很爱看书，尤其对中国古典诗词感兴趣。工作之余，他的最大爱好就是窝在家里，翻看古典诗词。时间久了，他的脑子中也就积累了很多这方面的知识，有时候与人交流，时不时会蹦出几句诗词来。

不过，他一直认为，诗词歌赋只是业余爱好，和工作沾不上半点边儿。可是，很快他就发现自己想错了——正是因为诗词歌赋的交流，他谈成了一笔极其困难且交易额巨大的业务。

宋涛有一位客户是位老者，他研究过客户的资料，知道对方在经商之前曾是某知名大学中文系教授，博学而多智。他还知道，在自己之前，已经有不少同事跟对方洽谈过业务，但是，在老者咄咄逼人的气势中，他们都铩羽而归了。

了解了这个客户的情况后，宋涛开始也心生忐忑：那么多同事都拿不下对方，自己能行吗？

事实上，他的不安是有道理的。刚接触老者的时候，他就发现，对方果然难以攻破——不仅态度冷淡，还言辞犀利，气势逼人。

不过，好在他做这一行已经有好几年，早练就出了过硬的心理素质。虽然对方不太配合，他还是不愿放弃，而且极尽口舌之能事，尽量拣些好听的话说，试图以此打动对方。

可是，他滔滔不绝的说服技巧在老者面前失效了——无论他怎样说，老者没有一点愿意合作的意思。

这是一场艰难的拉锯战，经过几番较量之后，宋涛无奈地发现，他的这位客户似乎真的没有合作的意思。他的热情开始黯淡下来，有了放弃的念头。

人的心理很奇怪，当它有了很大的期望时，往往无法真正放开。可是，当心中没有太大的期望，觉得一切都不重要的时候，反而可以真正放开——宋涛已经认定，这位客户确实没有合作意图，所以，这个时候他同老者的交流也就轻松了起来，完全就像是朋友间的闲聊。

一位曾是大学中文系教授，一位是古典诗词爱好者，两人聊着聊着就聊到诗词歌赋上了。宋涛心无顾忌，这使得他的古文素养得以正常发挥，交谈时总是能够引经据典，时不时还会来上几句贴切的古典诗词，这更增添了他的语言魅力。

宋涛的谈话变化，引起了老者的兴趣。对方多打量了他几眼，却没说什么。

一场谈判，以题外聊天结束，这是宋涛没有想到的。

他更没有想到的是，结果完全出乎他的意料之外。他认为，自己肯定无法抓住这个客户了，可是几天之后，老者却主动打来电话。在详细了解了合作条件之后，对方愉快地和他签了约。

再后来，宋涛和老者成了朋友。

宋涛忍不住问老者，为什么那次突然改变了主意。老者哈哈一笑，说：“本来我是不准备和你签约的，可是，那天你说的古诗词很对我的胃口，也让我由此看到了你的个人魅力——

我被你的语言征服了，这才改变了主意。”

宋涛恍然大悟。

这是很有意思的一个故事，我们再来分析一下：宋涛的工作是做进出口业务，按照常理来说，他需要专业知识精熟、谈判技巧一流，才最有可能打动客户，赢得合同。

可事实并非如此。

宋涛的专业知识和谈判技巧根本就没有起到作用，反而是业余爱好打开了客户的心门，充当了签约的“钥匙”。这就如我前面所说的，他谈资里的诗词歌赋这条“金鱼”，才最适合这位客户。

很多时候，我们同别人交流，因为不了解对方的性格、喜好等，所以很难揣摩对方喜欢接受什么样的信息——有人喜欢谈军事，有人喜欢聊足球，有人喜欢论文学……我们不知道别人喜欢什么，但一定要明白，投其所好才能营造好的聊天氛围。

怎样才能投其所好？这就需要用到我们储存的知识了。如果我们的鱼缸里有很多条“金鱼”，那么，总能找出一条适合对方的“金鱼”来。是不是这个道理？所以，我们一定要多储存知识，因为那些都将是有用的谈资。

当然了，仅仅储存还不够，还要学会在适当时机利用它们，让知识变成有效谈资。浪费知识是一种犯罪，因为每一样知识都会有适合自己的位置，都会成为我们与人交流的利器。

第三章
谈资的模糊界限

这世间之事并不是非黑即白的，正如这口中之言也难免似是而非。

交谈与演讲最大的区别就在于，交谈是一种来自双方的互动，你、我皆有表达意见和态度的权力。而许多人却总是错将交谈当成演讲，且从未问过对方，是否真想听这场以他为主角的演讲。

1. 我们不是圆滑，而是可以接受不同意见

“你这人真是，见人说人话，见鬼说鬼话！”

当有人受到这样的评价时，通常是不会感到高兴的。因为，这句话一直以来都是我们用来形容那些油嘴滑舌、虚伪世故的人的。

但从另一个角度来说，碰见人说“人话”，碰见鬼说“鬼话”，有什么不对呢?

人与鬼是不同的生物类型，当你与不同类型的人进行沟通时，难道不该调整自己的方式，用对方更能接受的方式进行沟通吗? 试想一下，如果你遇到一个只会说英语的外国人，却坚持用普通话跟他沟通，他能听懂吗?

面对不同的对象，本就该以不同的方式进行交流，这不是虚伪，而是一种变通——当你面对的是个小孩子时，你可以摸摸他的头，笑着对他说：“小家伙真可爱！”可你面对一个老人的时候，总不能也这么干吧！

我们一直都在说圆滑处世这件事。

从字面意思来看，所谓“圆滑”，就是形容人在为人处世的各个方面都做得很周到的意思。单从意思上来看，这个词显然不是什么贬义词，相反，还带有些许夸赞的色彩。

但现在一提到圆滑，味儿就已经变了——在不少人心里，所谓圆滑，与虚伪、世故等贬义词都是被归为一类的。尤其是那些涉世未深的年轻人，心中一片赤诚，你若是去教导他“圆滑”，恐怕只会收到“鄙夷”“蔑视”的回应。

既如此，我们今天就不谈“圆滑”二字，毕竟这个词的感情色彩已经越来越变味了。我们换个方式来说——在交谈中，你可以接受与你有不同意见的人吗？在现实生活中，大概有很多人都不喜欢和老师、长辈交谈，有人将此归结为“代沟”或者“叛逆”等原因。

实际上，与老师、长辈的交谈，很多时候根本算不得交谈，反倒像一场演讲，而演讲的主角，显然不是老师就是长辈；但作为学生或晚辈的你，往往是没有发言权的——这种变了味的交谈，无疑会成为一种煎熬。

而与同龄人交谈，或者说，同辈人在一块儿聊天就不同了：若交谈变了味，大可甩袖离开，反正大家身份对等，也不存在忤逆的压力。

当然了，每个人在成长的过程中，相信也总会遇着几个谈得来的长辈，或喜欢与之相处、交谈的老师。通常来说，能够博得晚辈或学生喜欢的师长，有一个共同的特点——没架子。

没架子不是说这个人脾气好，或者没有威严，而是指这个人能够以平等的身份来和你交谈，不会“端着”。其中最重要的一点就是，你在这个人面前是有发言权的：你可以表达自己的意见，而你表达的意见，对方也会认真对待、思考。

你可以认真回想一下，是不是这么回事儿。

交谈这事，就像下棋，你走一步，下一步就该我走——要是光你走，我只能看着，那下棋还有什么意思呢？你把自己当成了演讲的主角，也得问问对方愿不愿意听这场演讲啊！

有一阵子，我上中学的侄子，因为早恋问题家长被请去谈话了。于是，接下来全家人开始轮流和他沟通，主题不外乎就是“早恋会影响学习”“早恋会带来什么危害”这一类话。

到我“受命”和他谈话的时候，我发现，他对于这场谈话，心理上是非常抵触的——不管我说什么，他都是既不反驳，也不同意。

而当我询问他的想法，让他表达自己的意见时，他也只闷闷地说了一句：“我没什么意见，你们都得出结论了，还问我的意见做什么？”

暂且不说早恋这件事是对是错，事实上，这也不是我们需要探讨的问题。但我侄子所说的那句话，却一直让我记忆犹新。

确实，当一件事情你自己已经有了定论之后，还有询问他人意见的必要吗？就好像一场棋局，明明已经有了结果，再去循着棋路走一遍，又有什么乐趣？

在现实生活中，很多交谈之所以不欢而散，也往往正是因为这一点。

我们可以设想一下，如果一个人和你聊到离婚问题，对方摆出“不管你说什么，不管你怎么想，总之我心里认定离婚就是错的”的态度，你还会有和他继续交谈下去的兴趣吗？

面对这种情况，不管你的意见和他是否相同，恐怕都没兴趣再在这个话题上纠缠下去了吧——毕竟，一件结局已定的事情，还有什么可争论、可探讨的呢？

将自己的想法和意见表达出来，没有什么错，但诚实不等于顽固、古板——你可以坚持自己的想法、自己的观点，但这并不意味着你就不能好好倾听一下别人的意见，考虑一下别人的观点。

这个世界并不是非黑即白的，同一件事情，站在不同的角度看，往往都会得出不同的结论。人们喜欢交谈，不正是因为可以通过和别人交谈，从对方的观点和意见中获得更多的收获吗？

有一位心理学家曾做过这样一个实验：他将一个圆球染上了不同颜色的颜料，一半染成了红色，另一半则染成了黄色。然后，他让两个参与实验的对象分别从不同的角度去看那个圆球。最后，再同时询问他们，这个球是什么颜色的。

结果，这两个实验对象中，一人坚持说，球是红色的；另一人则坚持说，球是黄色的。而且，他们都指责对方是色盲，看错了球的颜色，甚至开始争执不休。

最后，心理学家让这两个实验对象分别换到对方的位置，重新看了一次那个圆球。他们这才发现，原来心理学家在圆球上设了一个小小的“陷阱”。

生活中，很多事情其实都像那个圆球一样，虽然是同一个球，但由于你所站角度的不同，导致你所看到的颜色也会不同。

就像同样的一件事情，每个人因为自己的思维、经历、身份、地位等方面的差别，得出的看法和结论自然也会有所不同。如果你只知道站在自己的角度去看问题，并且始终坚持认为自己的看法是正确的，而从根本上否定了他人的意见，那么，这无异于故步自封。

设想一下，假如那两位实验对象在探讨球的颜色时，能够认真地倾听对方的意见，而不是只固执己见而否定对方，那么，他们的交流显然不会以争执而告终。

更重要的是，在通过这场交流之后，他们甚至可能直接发现小球颜色的“真相”。

虚与委蛇、左右逢源的“墙头草”，固然是令人不齿的，但顽固不化、不懂变通的“直肠子”，同样难以令人喜欢。人们最欢迎的谈话对象，往往是那些知世故而不世故的人。

知世故者，深谙为人处世的道理，懂得如何与他人相处，如何用更好的方式与他人交流；不世故者，懂得坚持本心，懂得坦诚以待，而非敷衍。

2. 用开放的心态去交谈

我们先来看这样两个对话。

对话一：

客户：“我希望今天你们就能把那批配件给我。”

客服：“真的很抱歉，那批配件现在缺货，最快也得星期二才能到货。”

客户：“不行，我很急，今天必须拿到。”

客服：“可是仓库里真的没货了，很抱歉。”

客户：“你们怎么做事的，我今天就要现货！听不懂吗？”

客服：“真的对不起，但是，只能等到星期二的时候才能配好货。”

对话二：

客户：“我希望今天你们就能把那批配件给我。”

客服：“很抱歉，那批配件现在缺货，最快也得星期二才能到货，您觉得星期二来得及吗？”

客户：“不，星期二太迟了，我们的设备急需这批配件，多停工一天，我们就会损失不少。”

客服：“真的很对不起，但仓库真的没货了。不过，我可以帮您打电话询问一下其他的维修处有没有库存，请您稍等。”

客户：“行，没问题。”

客服：“真不好意思，我刚才帮您问了，其他地方也没有这批货。这样吧，我帮您申请一下，安排一位工程师去帮您检查一下设备，看看能不能想其他法子解决这个问题，您看行吗？”

客户：“这样也好，麻烦你了。”

这是同一种情况下，客服与客户的两种不同的沟通方式，如果你是客户，你会更喜欢哪一位客服呢？答案显而易见吧。

事实上，第一位客服的回答也没有什么问题，他很清楚地向客户说明了：客户需要的配件缺货，而且最快也得星期二才能到货，这是他不能左右的事情。

的确，对于这个既定事实，客服并不能改变什么，但他采取的交流方式，显然并不能扑灭客户心中的熊熊“怒火”。

而第二位客服呢？事实上，他也没有改变配件只能星期二到货这一既定事实，但他的优胜之处就在于：他让客户感觉到，他的确是在想尽办法地帮客户解决问题。

当然，问题最终并不一定真的能够得到解决，但他表现出了十二万分的诚意，这显然让客户对他的服务态度十分满意。

这就是交谈的艺术。

很多不善于交谈的人，最大的问题就是，在沟通的过程中，他们的心态不够开放。就好比这两位客服人员，他们其实都知道一个事实——那就是，不管客户多么着急，他需要的配件星期二才能到货。

因为清楚这个情况，所以，第一位客服在和客户沟通的过程中，其实已经认定了，客户的问题只有这个唯一的答案，即便这个答案会令客户火冒三丈。于是，在整个沟通过程中，他都“咬死”了这个回答，杜绝了其他一切的可能性。

但第二位客服不同，他虽然清楚这是唯一的答案，却不会只把与客户的沟通局限在这一点上。事实上，在他表示愿意帮客户询问其他维修处或者安排工程师之前，他早就知道这两个方案也无济于事，可他依然这么做了。

从结果来看，这两个方案显然是在做无用功。但从客户的角度来说，这些无用功却能给他带来极大的心理安慰。

交谈其实就是如此，一场令人感到满意的交谈，未必一定要得到某个结果，或者获得某种实际的好处。事实上，交谈过程给人带来的愉悦感和满足感，正是从交谈中所能获得的最大利益。

最令人无法抗拒的东西是什么？金钱？权力？美人？

不，是期待。当你对某个事物产生期待之后，哪怕知道前面是万丈深渊，你也可能会忍不住想要去闯一闯。

网络上特别流行一句话：不作死就不会死。人为什么会去“作死”呢？是蠢？是笨？不，是因为产生了期待。因为期待，所以忍不住想要去探究，哪怕知道可能存在危险，也总是抵不过心中的那点好奇。

交谈其实也一样。最成功的交谈，就是让你的谈话对象在交谈结束之后，依然期待与你的下一次交谈。

晚唐诗人李商隐写过这么一句诗：“何当共剪西窗烛，却话巴山夜雨时。”大概意思就是在感叹，什么时候才能再和你一起坐在西窗下，剪着烛火灯芯来秉烛夜谈啊。

这诗意透出来的，就是一种浓浓的期待，期待和“你”相见，然后再来一场畅快淋漓的谈话。

在生活中，相信大家都有过可以秉烛夜谈的朋友，似乎只要和那个人在一起，就总是有说不完的话，完全不用担心有冷场的时候。而推动这种谈话持续下去的动力，显然正是期待。

说出一句话，便会自然而然地期待对方会回应什么，是否和你不谋而合，是否会有全然不同的答案，是否会有无限的启发……正是这样的一种期待，才会让人不断地想要与人交谈、想要与人交流。

反之，假如你没有这种期待，谈话就会变得索然无味。

我的一位女性朋友小薇，曾跟我谈起过她的一个追求者的故事。她说，那位先生对她非常好，非常细心，成天嘘寒问暖，每次出差也都会记挂着给她带礼物。每次她有麻烦，他也都二话不说就挺身而出。

这位先生的细心、体贴，一度令小薇感动不已，周围的朋友也都曾纷纷劝过她，不妨尝试着给那位先生一次机会，但她却始终都没有考虑过接受这位先生。

我对此也感到非常好奇：虽然说感情这回事有时候确实是没有道理的，但试着相处，或许也会擦出意想不到的火花。

小薇很快就给我解疑释惑了——她掏出手机，让我看了一段她和这位先生的微信聊天记录：

先生：睡了吗?

她：没。

先生：今天做了什么啊?

她：上班。

先生：哦。顺利吗?

她：挺好的。

先生：累了吧？

她：是。

先生：那早点睡吧。

她：好。

小薇用了四个字形容和这位先生的每一次谈话：索然无味。

不管谈论什么话题，她几乎都能预测到这位先生会说什么，哪怕是面对面地聊天，她也提不起丝毫兴趣来——因为在与这位先生的谈话中，她找不到任何值得期待的点。

那么，如何才能让一场谈话使人有所期待呢？归根结底，就是需要一种开放的心态。

想象一下，当你和一个人约会时，如果对方总是按部就班，每次都严格执行同一个流程，生怕有半步差错，那么，你是很难产生期待的——因为，你甚至不用去赴约就可以知道，整个约会过程会发生什么样的事情。

而假如，每一次的约会都存在着无限的可能性，那么，很显然，不管你和这个人约会了多少次，你始终会充满期待，不会感到腻味或无趣。

而谈话就像约会，如果你总是按部就班，把谈话内容限定在某个框架中，那么就很难让人产生期待。但需要注意的是，开放的心态并不意味着毫无原则的态度。

交谈就是一个给对方留下印象的过程，而你对某些话题的态度，正是塑造你在对方心目中的形象的关键——用来做话题的谈资，可以天南海北，界限模糊，但你需要表达的态度和原则却必须清晰明确。

在一次公司聚会上，一位同事说起他养的一条狗：这条狗因为事故受了伤，即便治好了也是终身残疾，以后照顾它存在许多麻烦。这位同事很犹豫，不知道应该选择救治这条狗，还是让它毫无痛苦地离世。

当时，一个刚进公司没多久的新人，就这个问题侃侃而谈地讲了许多：如果要救治这条狗，会面对多少麻烦、多少问题。

事实上，这个新人也是一名爱狗人士，他之所以说这些话，原本只是想善意地提醒一下这位同事，让他知道，选择这条路将会遇到什么样的问题。

但他的上司并不知情。这位上司是一名坚定的“动物保护者”，在听完这个新人的发言之后，心中对他反感至极，当即就觉得，这个员工是个毫无怜悯之心的家伙。

结果，后来上司对这个员工一直都看不顺眼，对他的工作很挑剔。而这个员工直到被公司辞退前也没能明白，自己到底哪里惹得上司不快了。

所以说，讲话一定要慎重，在以开放的心态去和别人交谈的同时，也要懂得适时地表达自己真实的立场和态度。

总的来说，就是谈资可以界限模糊，意见可以多种多样，但立场和态度却是需要仔细斟酌的，只有仔细进行“加工”后方能“出品”。

3. 谈资可以多样，情感必须一致

一场成功的谈话，谈资可以多种多样，话题可以天南海北，但必须牢牢把握住一个原则，那就是在情感上，你必须与谈话对象保持一致。

人类是地球上最具情感性的动物，不论是在认知、行为上，还是社会组织的任何一方面，都会受到情感的驱动和影响。可以说，我们在日常生活中所做的一切，都充斥着情感的因素。

我们与别人交谈，主要就是为了获得对方的认同，拉近彼此的距离，增加彼此间的好感度。而要实现这个目的，我们首先就得打动对方。而情感，恰恰正是最容易引起共鸣，最能够打动人心的力量。

有人说过这样一句话：“检验友谊的唯一标准，就是两个人凑在一块儿，说别人的坏话。”当然，这无疑是一种调侃。

但客观来说，这句话也确实具有一定的道理。

美国南佛罗里达大学的心理学教授詹妮弗·K. 巴森和她的同事曾做过一系列的研究，调查人与人之间，究竟是分享正面的信息，还是分享负面的信息更能促进感情。

他们召集到了一些志愿者，让他们听一段录音，录音内容是两个大学生的一段日常对话。然后，要求这些志愿者通过这段对话录音，从对话者身上找出一个自己欣赏的特征，以及一个自己讨厌的特征，并对这两种特征进行一次强烈的评估和简单描述。

在做完这些事情之后，研究者将志愿者随机分成了两组，并告知他们，接下来的研究将会包含真实的人际互动：每位志愿者都会从研究者手中获得一份关于和他们互动对象的简单资料，比如来自何处，喜欢什么样的食物，在哪里上学，等等。

此外，研究者将会“不小心”地让其中一组志愿者知道，他们的互动对象在做第一部分的实验时，跟他们一样，都欣赏对话者表现出的同一特征。然后，又“不小心”地让另一组志愿者知道，他们的互动对象在做第一部分的实验时，和他们一样，都讨厌对话者表现出的同一特征。

在完成这些事情之后，研究人员对所有志愿者进行了问卷调查。结果发现，与得知自己和互动对象都欣赏对话者某个特征的那一组成员相比，得知自己与互动对象都讨厌对话者某个特征的另一组成员，明显对与互动对象之间可建立的亲密程度的预期值要更高。

简单来说，就是分享共同讨厌的事物，比分享共同喜欢的事物更能拉近两个人之间的距离。

出现这样的结果，其实并不奇怪。

我们说过，情感是最容易打动人心，引起共鸣的，与正面情感相比，负面情感的起伏和冲击显然要更大一些。因此，当我们对某一事物产生负面情绪的时候，突然发现有人和我们一样“同仇敌忾”，就会很容易引起情感的共鸣。

这也正应了那句老话：“敌人的敌人就是朋友。”

所以说，与人交谈的时候，你谈什么内容都行，但情感上绝对要站好队伍——是否能在情感上与对方产生共鸣，直接决定了你将成为对方的“伙伴”，还是“敌人”。

想要利用情感攻势打动别人，关键的一点就是，要能够找到双方的情感共同点。如果说，在交谈之前，你对你的谈话对象已经有了一定的了解，知道他的好恶，那么，找到情感共同点显然不会是什么难事。

如果在交谈之前，你对谈话对象没有足够的了解和认识，那也不要紧，只要细心留意，通过察言观色，你也总能在聊天中找到蛛丝马迹。

老赵就是一个非常擅长与别人建立情感共同点的谈话高手。

一次，老赵到某地出差，在高铁上遇见一个陌生人。老赵这人性格比较开朗，挺喜欢和人打交道，他就想着和这位陌生人聊聊天，好打发一下时间。

老赵主动打招呼："兄弟是出差还是旅游啊？"

那人正在看手机，似乎不太想聊天，但出于礼貌还是回答道："出差来的。"

老赵接着问道："听你口音是北方人吧？是哪个地方的？"

那人一边看着电视剧，一边漫不经心地回答："河北保定。"

虽然那人态度冷淡，但老赵依旧不死心，一边观察着那人的表情，一边接着说道："保定啊，那是个好地方！我记得读小学那会儿看过一本连环画，好像叫《平原枪声》，现在还有印象。我两年前去过保定，还专门去白洋淀那儿转了转，我特别喜欢白洋淀雁翔游击队的那些故事，实在是太精彩了！"

老赵一边天南海北地说着，一边观察着那人的表情——结果发现，当自己提到雁翔游击队的时候，那人听得明显认真了许多，脸上还露出很淡的笑容。

于是，老赵开始把话题集中在雁翔游击队的故事上。果不其然，那人一改之前冷淡、敷衍的态度，打开话匣子，和老赵天南海北地聊了起来。

而那人之所以对雁翔游击队感兴趣，和老赵产生了情感共鸣，则是因为他的爷爷曾经就是雁翔游击队的一员战士。当然，这些都是两人聊开之后，老赵才知道的。

对于老赵来说，这是一个偶然遇到且完全陌生的谈话对象，老赵对他没有任何了解，也不可能提前获得关于他的任何资料。

这种情况就好比面对一个堡垒，而你却两眼一抹黑，连门都不知道在哪里。但不知道门在哪里不要紧，你可以想办法去找啊——这堡垒总是有门的，即便找不着门，能摸到窗户也是一种突破。

怎么找呢？很简单——试探。先搭话，从最基本的信息开始，再找准一个点，层层递进。

比如，老赵就是以对方的家乡作为探查“门”的起点的。每个人对家乡都有一定的特殊情感，而且谈家乡也不是什么敏感话题。因此，选择这个话题作为切入点是非常聪明的，既不会让对方产生防备之心，也更容易激发对方的情感反应。

找准切入点之后，就要开始联想了。凭着自己对保定的了解，老赵提到了白洋淀，又提到了雁翔游击队，最终找到了进入对方情感堡垒的大门，步步为营地“攻陷”了这位陌生的谈话对象。

那么，在彼此交谈的过程中，我们如何才能判断，对方是否能与我们产生情感上的认同和共鸣呢？

实际上，一些微反应的细节会告诉我们答案。

通常来说，当我们的谈话对象在情感上认同我们的时候，通常会反映在两个方面：一是倾听；二是互动。

所谓倾听，指的不仅仅是他有没有在听，关键在于他“听”的态度。一个人听你说话，很可能只是出于礼貌，并不代表他对你所说的内容感兴趣，但听的态度是不会骗人的。

当你发现，你在讲述某些事情的时候，你的谈话对象聚精会神地看着你，并会随着你讲述的内容而做出不同的反应——你讲得紧张时，他的嘴角可能会紧紧抿着，和你一同紧张；你讲到高兴的地方，他的嘴角可能也会上扬，和你一块儿高兴——那么恭喜你，你已经打开了他的心门，让他完全融入你的谈话与沟通之中了。

倾听之后，自然会迎来互动。

当一个人对你产生情感的认同时，他必然也会有迫切的表达欲望，想要和你进行互动——他会发表自己的意见，会对你讲述的某些观点表示赞同，或许也会提出与你不一样的看法。

这个环节的展开是非常重要的，只有当他与你积极互动的时候，才说明他真正地参与进了这场谈话，与你产生了情感共鸣。

这些微反应其实是非常明显的，很容易辨别。

4. 催眠式——谈话的最高境界

交流的最高境界，就是在无声无息中，潜移默化地将自己的思想植入对方的脑袋里。

其实，这就是一种类似于催眠的效果。可以这样说，在某种程度上，每一个擅长聊天的说服者，都相当于一名技术高超的催眠师。

在现实生活中，每个人应该都有过这样的体验：听完一场演讲后，整个人就像吃了兴奋剂一般，热血沸腾；明明不想要的商品，在听完销售人员的推荐之后，莫名就产生了强烈的购买欲；原本不喜欢的裙子，在众人的夸奖声中似乎越看越顺眼……这些，其实都是类似于催眠的情况。

催眠，其实就是一种高度接受暗示的状态——在这样的状态之下，催眠师能够通过语言暗示，直接和被催眠者的潜意识进行“对话”，从而将某些观念植入被催眠者的脑海中，影响被催眠者的某些行为习惯和心理问题。

在众多影视作品中，催眠都被创作者经过夸张和加工之后，披上了神秘的面纱，以至于很多人都以为，催眠是一项很玄乎的技术。但实际上，催眠状态也不过只是人的一种正常的精神状态罢了。

当我们与自己的感觉进行沟通，或者与自己的内心进行对话时，其实就已经处于一定程度的催眠状态了。而催眠术，其实就是运用一些人为的诱导方式来加深催眠状态，以达到一种意识的替代。

不过，虽然催眠术不像众多影视作品所描述的那样神奇，但只要掌握到位，能够将其运用到谈话之中，会让我们的交流达到非常理想的效果。

那么，"催眠谈话"究竟有什么样的技巧，又是通过怎样的方式来让对方潜移默化地接受我们的观点呢？

周成是个建筑承包商，在某市开发区承建了一幢写字楼。起初，在周成井井有条的安排之下，这项工程进行得非常顺利，如期交工应该不会有什么问题。

可没想到的是，就在距离竣工还有两三个月的时候，意外发生了——承包写字楼幕墙装饰的供货商表示，因为工厂原材料供给出现问题，商品不能如期交货。

这是个很严重的问题：工程已经进入了尾声，如果幕墙材料不能如期供货，那就意味着整个工程都得停工，无法按照合同规定的时间交工，这样，公司将会面临巨额罚款。

周成通过多方面的调查和打探之后发现，虽然那家供应幕墙装饰材料的商户表示，不能按时交付他们所定的商品，但这并不表示他们手头上没有足够的存货——只不过，那些存货是该供货商为他的另一位大客户所准备的，而那位大客户的订单额，足足是周成公司订单额的三倍之多。

客观来说，周成想要从那位大客户手中“抢”到这批货，可能性微乎其微，毕竟，利益对比清清楚楚地摆在那里。但即便如此，周成依然决定，还是要亲自和那位供货商谈一谈，说服他改变主意。

在见供货商之前，周成多方打听了关于这位供货商的事情，得知他是个特别热衷于慈善的人，不仅常常给贫困地区捐款，而且还在当地为失学儿童成立了一个救助基金。

了解到这些情况之后，周成心里有了主意。

一走进供货商的办公室，周成的第一句话就是：“魏总，终于有幸再次见到您了！上一次，我还是在红星小学剪彩的时候在台下看到您的，只是那时候人太多，没能找到机会和您聊上几句。”

红星小学是这位供货商魏红星之前捐款建设的一所山区学校，正式建成的那天，魏红星的确被邀请去剪彩了。

“是吗？我当时没怎么注意，事儿太多了，剪完彩之后还赶着回公司开会。”魏红星一边说着，一边抬起头打量着周成。

周成笑着说道：“那是我的老家，当时听说有好心人捐款建了学校，就想着怎么也得去看看，是哪位好心人提前实现了我一直以来的梦想！没想到竟然会是魏总您，真是太令人敬佩了！”

听到周成这么说，魏红星嘴角浮现起一抹笑容，对周成也生出了几分亲近之心——毕竟大家都是山村里出来打拼的穷孩子，那种心理上产生的亲近感不言而喻。

就这样，魏红星渐渐打开了话匣子，从自己的家乡，讲到自己离开家到城里打拼的艰辛创业史。

魏红星所说的这些，周成也深有体会，不时回应几句，也都说到了魏红星的心坎上。两人越聊越高兴，周成自然而然地把话题从创业史上渐渐引到了魏红星的工厂。

这一谈起自己的工厂，魏红星就更骄傲了，从历年的获奖情况滔滔不绝地讲到了自己的企业文化。到最后，相谈甚欢之下，魏红星甚至还热情地邀请周成去参观他的工厂。

于是，两人还真的一块儿去了工厂，参观了幕墙材料制作的每一个流程。周成一边认真地听着魏红星的介绍，一边不住地称赞，从设备夸到工人，又对魏先生的慈善之心表示了十二万分的佩服。

在整个参观工厂的过程中，周成一句话都没有提关于自己此次前来的目的。

参观结束之后，魏红星热情地邀请周成一块儿吃饭，两人在饭桌上越聊越投契。等吃完饭之后，不等周成表态，魏红星就笑着对周成说："得了，现在工厂也参观了，饭也吃了，我们言归正传吧。我知道你这次是为了那批幕墙材料来的，我也听说了你们的工程在赶时间。

"坦白跟你说，现在仓库里的确还有一批货，但那批货是一个大客户的，我跟他合作了好长时间。不过我真是没想到，这回跟你见面会这么投缘，不说别的，就冲着咱俩都是苦孩子、都不容易这一点，我这次就愿意帮你这个忙！你放心，我今天话就撂在这儿了：那批货，我优先给你，这就安排给你发走。"

就这样，周成轻轻松松地达到了自己的目的。

在整个过程中，我们可以看到，从头至尾，周成并没有做什么，甚至连要求都没有向供货商魏红星提一句。而神奇之处就在于，魏红星还真就自动"送上门"，帮了周成这个忙。

周成真的什么都没做吗？其实，从走进魏红星办公室的那一刻开始，周成就已经在做了。

周成很清楚，与另外的那位大客户相比，不管是动之以情还是晓之以理，他都没有任何优势——动之以情吧，对方和供货商打交道的次数显然比他要多，动情还真是动不过；晓之以理吧，对方的订单比他的订单要值钱得多；从利益角度出发，他更是不占一点优势。

因此，他从一开始就没打算用传统的“说服”方法来劝说供货商，而是用催眠式的语言，一步一步攻破了魏红星的心理防线，取得了对方的信任，让对方从情感上先偏向于他。

当顺利进入对方内心之后，他再逐步进行引导和暗示，将魏红星推到了一个“高大上”的位置，激发出了魏红星的“救世主”心理。这样一来，他的目的自然就达到了。

虽然说，每个人的个性都不一样，但催眠式交谈的一些步骤和要点，大体上是可以归纳总结出来的。

首先，要实现催眠效果，我们需要进行的第一个步骤，就是打破对方的心理防线，赢得对方的信任。而要做到这一点的前提是，你要能让对方感到安心和放心，并与之建立起一种情感上的共通。

周成这一点就做得很好，他以一个令人感到愉悦和自豪的既定事实（捐建希望小学）为“敲门砖”，与魏红星展开了交流，然后又不着痕迹地提及自己出身与魏红星的相似之处，与之建立起情感上的共通，于是才有了后来的互动。

其次，在成功取得对方的信任之后，我们要进行第二个步骤，就是要找出对方心中渴望的东西。

这是极需技巧性的工作，你不能直接去询问对方，他想要什么，渴望什么：直接询问通常会激起被询问者的防备和警惕，甚至可能会让第一步取得的成效功亏一篑。因此，我们要做的是技巧性地进行引导和观察。

在周成和魏红星的交谈中，说的最多的话就是赞美——从工厂，到商品，到管理，再到慈善，全是赞美。

这些赞美并不是毫无意义的，如果你留心观察会发现，周成对魏红星的赞美，主要集中在两点：一是魏红星作为商人的成功；二是魏红星作为个人的成功。

最后，一切铺垫完毕之后，我们就要进行第三个步骤了，那就是下达指令，告诉对方怎么去做，才能得到自己心中渴望的东西。

这个时候，周成此前所发表的种种赞美之词就发挥出强大的效用了。

众所周知，商人最重要的品质是诚信；而个人最令人称道的品质，则是仗义。周成对魏红星的种种赞美，其实就是一步步地在给魏红星戴高帽子，在不知不觉中把他推上一个高台。

要知道，对于赞美你已经高高兴兴地接下了，高帽子你也甘之如饴地戴上了，那么，相应的是不是要尽一尽责任呢？到了这个时候，已经不用周成再开口说什么了，魏红星自然而然会“仗义”地站出来，“诚信”地履行合同，解救周成于水火之中。

5. 像准备弹药一样去准备谈资

聊天最怕的不是说错话，而是无话可说。

很多不擅长聊天，或对社交感到恐惧的人，都有一个共同的特点，那就是在面对不熟悉的人时，不知道该说什么。

不可否认，这种面面相觑的情况确实很尴尬，但这种情况也并非不可改变。

聊天其实就跟做菜一样，你技术好，可以做出色香味俱全的美味菜肴；而你技术不好，哪怕把食材一股脑儿倒进锅里煮一煮，就算难吃了些，倒也不至于没菜上桌。

那么，什么情况下才会窘迫得连上桌的菜都没有呢？显然，那就是缺乏食材了。

可见，所谓无话可说，与你是否擅长聊天是没有直接关联的。真正导致你无话可说的"元凶"，不是缺乏沟通技巧，而是缺少可以支撑聊天的谈资。

所谓谈资，简而言之，就是谈话的资料——你想吃饭，首先得有饭，你才吃得到口；你想喝水，那就得先有水，你才喝得到口。同样，你要聊天，那你首先得有能聊的内容，这样才能聊得下去。

一个人所拥有的谈资是否充足，主要取决于这个人的勤奋程度，与是否擅长聊天是没有任何关系的。就像写作文，技巧好的人可能只需要准备寥寥无几的资料，就能琢磨出精彩绝伦的文章；而缺乏技巧的人就得多准备一些材料，哪怕写不出上得台面的篇章，至少把材料囫囵堆一堆，也能把字数凑够。

所以说，如果你不擅交际、不会聊天，是因为你常常感到无话可聊，那就不要再抱怨自己不具备与人交流的天赋了。

在琢磨技巧问题之前，先去准备一些材料——巧妇难为无米之炊，没有材料，琢磨再多的技巧，你也说不出一言半语来。

李茉雅是我的一个高中同学，长相普通，性格木讷，在学生时代就属于那种存在感极低，很难让人记住的女孩子。

谁也没想到的是，在大学毕业之后，李茉雅居然进入某知名企业，成了一名销售员。而最让人感到惊诧的是，她的业绩在公司里居然还一直名列前茅，堪称“金牌销售”。

有几个得知她近况的高中同学，甚至还在背后议论、猜测：她是不是整容把自己整成大美女了，所以才能在销售行业混得风生水起？

后来，在一次同学聚会上，我终于见到了李茉雅——她并没有如同那些恶意的揣测一样，通过整容变成大美女。事实上，她的外表几乎没有什么变化，依然和从前一样平凡、不起眼，站在人群中，也没有显示出特别的美感。

但你只要和她开始聊天，你就很难不喜欢上这个姑娘——她博学多才，幽默风趣，不管你说什么，她都能和你聊一聊，不时还会说出几句令人忍俊不禁的俏皮话。

虽然她的外貌依然和从前一样，但如今在她的身上，却丝毫找不着半点从前那老实木讷、谨小慎微的影子了——一个人究竟能有多大的变化，我算是在李茉雅身上看了个透彻。

在聊天过程中，有人玩笑似的问了李茉雅一句，说她是不是像武侠小说里那样，捡到了类似“绝世神功”的销售秘籍，于是一夕之间就修炼成了这巧舌如簧的本事。

在众人的笑闹和期待中，李茉雅微笑着从包里拿出一本黑色笔记本，神秘兮兮地对大家说道：“秘籍啊，还真有，就是这个，我家里还有十几本呢。”

那本黑色笔记本里到底有什么呢？

事实上，称之为“秘籍”也确实不为过，因为那本子里所写着的内容，确实是李茉雅完成惊人蜕变的秘诀——只不过，这些秘诀，别人哪怕看了也偷不走。

黑色笔记本里，工工整整、密密麻麻写的全是笔记：每天新闻报道的热点内容提要；报纸、杂志上的某些知识点摘录；

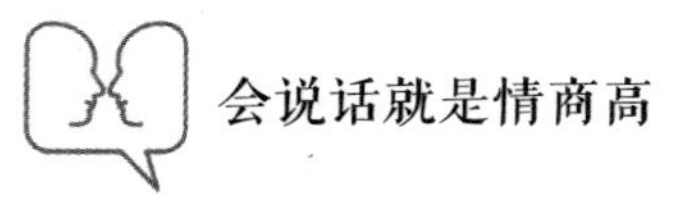

最新发布的电子产品评测；某社会新闻涉及的法律知识点；最近流行的网络用语……

李茉雅说，自己一直是个笨嘴拙舌的人，尤其在面对陌生人的时候，常常因为无话可聊而窘迫得手足无措。为了解决这个问题，她开始有意识地做笔记，把新闻报道、八卦消息全都当课本来看，而且一边看，一边记，并且把能背的都背下来。

一开始的时候，她和别人聊天就跟背书似的，想到什么就一股脑儿地背出来，惹了不少笑话。后来，渐渐地，看得多了，说得多了，这些谈资好像自然而然地到了脑子里，不用再像从前那样苦思冥想，一张嘴一大堆话就跑出来了……

可见，任何一场华丽的蜕变，背后都有着别人看不到的努力和付出。

想要成为谈话高手，首先要做的，就是给自己准备好充足的谈资，保证自己无时无刻都能有话可聊。

获取谈资的渠道非常多，你可以像李茉雅一样通过新闻、报刊、网络等渠道获取，也可以通过电视、书籍，甚至平时与别人的聊天中获取。但无论通过什么途径，你都必须保证让自己拥有足够的记忆力。

如果说交谈是一场战争，那么，谈资就是我们进攻时必不可少的弹药。弹药的充足与否，直接影响着战斗火力的强弱。

需要注意的是，这是一个信息爆炸的时代，而我们的时间和精力也都是有限的，所以，不可能将接触到的所有信息都塞到脑子里。因此，在准备谈资的时候，为了提高利用率，应该根据自身的实际情况进行一些筛选。比如说，那些过于偏门的信息，或者你所接触的人群几乎不会谈论或涉及的专业知识，那就完全可以忽略不计了。

尽量将你的时间和精力集中在一些“热点”和“爆点”上，毕竟，虽然弹药越多越好，但也得符合枪支的型号——如果，你准备的弹药和你使用的枪支不配套，那准备得再多也没法给你带来任何好处。

第四章

让“热点”飞一会儿

会聊天的人，哪怕只有一个话题，也能和别人把酒言欢，秉烛夜谈；而不会聊天的人，哪怕准备了一堆话题，也难免会出现尴尬的冷场——二者最大的差别就在于对聊天节奏的把控。

聊天与辩论不同，辩论的成败在结果，聊天的成败却在过程。因此，不要急着下结论，在结果出现之前，不妨试着让“热点”飞一会儿，旗鼓相当的“过招”才能让人欲罢不能！

1. 不能滥用的热点谈资

与人谈天说地，最怕的就是遭遇尴尬的沉默。因此，要做一个会聊天的人，首先就得准备足够多的谈资——有了谈资，就不怕无话可聊了。

但聊天是一件你来我往的事，你有话说了，也得让别人有话说。否则，就你一个人说得热火朝天，对方却毫无反应，那也算不得成功——毕竟，我们与人聊天最基本的目的就是为了拉近彼此之间的距离，让对方对你产生好感。

所以说，仅仅准备足够多的谈资是不行的，你还得确保这些谈资能让对方参与其中，让对方有发言的机会。

可问题来了——如何能确保你所准备的谈资能投对方所好，让对方打开话匣子呢?

当然了，我数次强调过，想要创造一场成功的谈话，绝不能只依靠偶然的运气和临场发挥，而是需要进行周密的准备——收集足够多的情报，像准备弹药一样地准备谈资。

可在现实生活里，并不是每一次重要的聊天，都能给我们足够的准备时间；也并不是所有的聊天对象，我们都有能力和渠道打听到对方的资料和情报——在遭遇这样的情况时，临场发挥就不可避免了。

为了杜绝沉默的尴尬，在选择谈资展开话题时，最安全的做法，莫过于选择最近比较热门的话题作为切入点。

首先，热门话题通常是大众都比较了解的，不会出现曲高和寡的尴尬；其次，任何一个热门话题，即便你没有特别关注过，也会从周围人那里被动地接收到不少信息，怎么也能凑上几句话；最后，一个话题既然能成为热门话题，那么必定有引人注意的地方，而且，通常能衍生出更多可以讨论的话题。

比方说，在奥运会期间，与奥运会有关的话题无疑就是这一时期的热点。以此作为谈资，哪怕对方对奥运会毫无关注，至少也能从周围人的讨论中，或者无处不在的新闻报道中获得些许信息。

再不然，通过奥运会，还能将话题延伸到一些运动项目上，甚至是举办国的风土人情等。总之，话题转换的灵活性非常高。

因此，无数聊天高手都向人们强调过关注热点的重要性，毕竟，热点谈资无疑是最安全也最有效的“救场工具”。

但需要注意的是，热点谈资也并非百试百灵的“万能药”，在选择某一热点话题作为聊天的切入点之前，你必须考虑谈话对象的身份、地位以及一些可能发生的情况，避免一不小心踩到对方的雷区，直接陷入尴尬的沉默之中。

我的朋友郭松是某公司销售总监，他就是个非常擅长“踩地雷”的话题终结者，他那张嘴真是得罪过不少人——和他聊天，随时可能出现尴尬的沉默。

客观来说，郭松是个很能聊的人，坐一趟高铁，他能和旁边的陌生人聊一路，从地方政策聊到明星八卦，什么都能侃侃而谈。这和他平时喜欢看新闻有莫大的关系：只要是近来发生的热门事件，就没有他不关注、不知道的。

可就是这么能聊的一个人，却常常会让聊天陷入绝境。

就说前阵子吧，一起拖了近三十年的连环杀人案终于告破，引起了大众的广泛关注。郭松对这个案子也很有兴趣，看了很多相关报道，并在网络上参与了案情讨论。

正巧，这期间在一个饭局上遇上一个在公安机关工作的朋友，郭松兴致勃勃地和那个朋友讨论了起来。说着说着，不知怎的，就从案子本身探讨到了办案人员的工作疏漏问题上。

郭松义愤填膺，滔滔不绝地开始分析、指责当初的办案人员有多少失误。那位朋友也不甘示弱，开始反驳郭松的言论，两人差点打了起来。

还有一次，郭松和一个客户谈生意，事情进行得很顺利，很快就把条件都谈好了。客户很热情地请郭松吃饭，两人在饭桌上天南海北地就聊开了。聊着聊着，就说到了近年来比较出名的一些明星。

郭松顿时就想到了近期特别火的，关于某明星出轨的新闻——可没想到，这才说了没几句，客户就垮着脸借故离开了。

郭松莫名其妙地回到公司，跟同事抱怨这件事。

同事把事因一说，他这才知道：原来就在几天前，那位客户的老婆，因为听说老公和新来的秘书之间关系不正常，才刚去公司大闹过一通。

这事被大家私底下谈笑过好几次了，郭松那阵子正好在外地出差，根本不知道这件事，这才踩了客户的雷区。

可见，这热点谈资虽然好用，但也不能滥用。尤其是一些涉及敏感问题的谈资，在你对谈话对象的了解不够全面和深入的情况下，最好不要涉及，以免触及对方的雷区，引起对方的不快。

那么，在面对一个相对陌生的谈话对象时，我们如何迅速判断出，哪些话题可以聊，哪些话题不能聊，以避免触及对方的雷区呢？

首先要考虑的，当然是谈话对象的身份、职业等信息。

从这些信息中，我们大致就能知道，对方对哪些话题比较熟悉，比较关注。但需要注意的是，在谈论这些话题时，我们就不得不考虑对方的身份和职业所决定的立场问题了。

比如，郭松和那位公安机关的朋友，他们谈论的“连环杀人犯事件”这一话题，显然是那位朋友所熟悉的，与他的工作领域有密切关联。

但那位朋友本身就是一名执法人员，这一身份决定了他所处的立场明显是更偏向于办案人员的。而郭松呢，在谈话过程中，他却完全没有考虑到对方的立场，口无遮拦地批评、指责办案人员，使得这场谈话最终不欢而散。

其次，我们需要考虑谈话对象的年龄。

不同年龄段的人，对话题的接受程度是有所不同的。和年龄差距比较大的长者聊天，所选取的话题应该相对严肃、保守一些；和年纪较轻的人聊天，则可以考虑聊一些偏向于轻松、时尚的话题；要是和未成年人聊天，那就更要注意说话内容的尺度了。

再次，谈话对象的性别也是需要注意的。

男性和女性对于语言情境的承受力，通常是不一样的：有的话题，跟男性朋友可以肆无忌惮地聊，但如果有女性在场，则需要注意收敛一下。

比如，两个男人在一起聊到某个女明星，可以一起评论这位女明星的长相、身材等。但如果有女性在场，过分地去聊女明星的长相、身材等方面的话题，难免会让在场的女性感到尴尬。

最后，在缺乏情报的情况下，尽可能不要谈论涉及“敏感问题”的话题，比方说，宗教信仰、政治意见以及道德问题等。

宗教信仰和政治意见不用说，大家都知道，非常容易触犯“禁忌”。至于道德问题，则往往是我们在谈话中最容易忽略的。

可道德问题恰恰是最容易踩雷的话题。当你站在道德制高点评论、抨击某一热点事件时，如果你的谈话对象恰巧也存在类似的道德问题，那这场谈话就非常尴尬了——难免会让对方觉得你是在借题发挥、含沙射影。

所以说，热点谈资虽然是聊天不可缺少的“储备粮”，但在拿出这些储备粮之前，还是先审视一下谈话对象，看看他能否吞得下这批“粮食”！

2. 切莫早下结论

任何事情，在得出结论的时候，也就走向了终结。比如一个案件，在找到凶手，明确案情之后，这个案件就完结了；一场比赛，在分出胜负排出名次之后，这场比赛就结束了。

聊天也是一样。当一个话题得出结论以后，这个话题自然也就结束了。所以，如果你想让一次聊天不断持续下去，只有两个方法：一是让话题不断继续；二是不断抛出新的话题。

如果把谈话看作一场战争，那么，谈资显然就是我们手中的弹药。想要赢得战争，弹药充足与否固然重要。但更重要的是，你是否能运用好每一颗子弹，让每一颗子弹都能发挥作用，射中目标——没有命中率的话，准备再充足的弹药也只是浪费而已。

而谈话中的“命中”，指的自然就是能够引起对方兴趣的谈资。

在一场谈话开始之前，我们往往无从确定所准备的谈资有多少能引起谈话对象的兴趣，为这场谈话的成功提供助力。因此，在谈话开始之初，我们通常会抛出一些谈资去试探对方的反应，寻找能够引起对方兴趣的话题。

也就是说，在我们为这场谈话所准备的谈资中，只有能够得到回应，命中对方兴趣点的谈资，才是真正对这场谈话有用的谈资。

我们姑且将谈论这些有用谈资的时间看作是“有效谈话时间”。而在一场谈话中，真正能够给对方留下印象，并决定你在对方心中的印象分数的，正是有效谈话的时间。

试想一下，在一场时长大约十分钟的谈话中，在找到对方的兴趣点之前，我们可能需要浪费 2 ～ 3 分钟的时间去试探，从而找出能让对方兴奋的话题。

那么，如何在剩下的七八分钟内给对方留下深刻的印象呢？

首要的一点，当然是尽可能地保证让这七八分钟的时间都成为有效的谈话时间。要做到这一点，我们必须紧扣住有用的谈资，让话题不断继续下去。而要让话题不断继续，最关键的一点就在于——切莫早下结论。

我说过，结论是话题的终结，当你对一个话题已经下了结论之后，就没有继续探讨的必要了。就像参加辩论赛，一旦胜负一锤定音，不管辩论双方心中是否认可对方的观点，这场比赛就已经结束了，所以，没有再继续争辩下去的必要了。

设想一下，假如我们以“C君最近和老婆闹离婚”这一事件作为谈资来跟别人展开话题，那么，可能会有如下对话：

你：“你听说了吗，C君最近和老婆闹离婚？”

对方：“听说了，好像是C君和他的秘书关系不清不楚，被他老婆抓了现行吧？”

你：“是啊，C君真不是东西。他们夫妻俩我都特别熟，C君的老婆是多好的一个人啊，这次的事情，完全都是C君的责任，太不是人了！”

对方：“是吗？我倒是和他们不太熟……”

你：“是这样的，我们两家住一个小区，他们家的事谁不知道啊。这次的事情，全都是 C 君的责任。”

到这里，对话基本就结束了。

你对 C 君一家的认识，比你的谈话对象要更熟悉；你对 C 君的事情，知道的也比你的谈话对象要更多。最关键的一点是，对于 C 君的离婚事件，你已经给出了一个清晰、肯定的结论——都是 C 君的责任。那么，对方还能说什么呢？

很显然，这件事情已经没有继续探讨下去的价值了，因为，你已经否定了其他的一切可能性，为这一话题做了一个总结。

但是，如果你没有这么早就下结论，那么，这场谈话又完全会是另一个样子了。不妨设想一下：

你：“你听说了吗？ C 君最近在和老婆闹离婚。”

对方：“听说了，好像是 C 君和他的秘书关系不清不楚，被他老婆抓了现行吧？”

你：“是有这么一回事。C 君老婆人其实挺好的，不过夫妻间的事情，别人不好说啊。”

对方：“是啊，C 君的老婆我也见过几次，但不是很熟。不过，就这次的事情来说，C 君的责任还是比较大的吧？”

你：“我也这么认为。且不说他们夫妻感情如何，出轨这种事情，怎么说都是不占理的。”

对方：“可能背后有什么事情我们不知道。不过，C 君的秘书也真是，明明知道他结婚了……”

你：“那个秘书挺年轻的，好像刚大学毕业……”

看，谈话的无限可能就这样被激发了。

在出现结论之前，你们可以从这一话题谈论到对婚姻的看法，或者当今的道德问题，甚至分享夫妻关系的处理心得，等等。这样，你和你的谈话对象都有足够的空间和机会，来发表自己的意见和看法，在倾听、反驳、认可以及探讨的过程中，话题自然而然也就延续下去了。

交谈是一种双向的互动关系，一旦互动结束，交谈也就不可能继续下去了。

因此，如果你不想结束和一个人的谈话，那么，除了自己能够有话说之外，还得为对方留出一定的说话机会和空间。如果你把话都说完说尽了，让交谈成了你自己的独角戏，那么，无论你的发言有多么精彩、你的论点有多么标新立异，恐怕都很难给对方留下好印象。

一位作家朋友给我讲过这样一个笑话：

一位老先生在和儿子聊天的时候说道：“这五十年来啊，我就从没和你妈交谈过。”

儿子觉得很奇怪，疑惑地对父亲说：“怎么可能啊，昨天我还听妈妈一直在跟你说话呢。”

老先生笑了笑，说道：“没错，这几十年来，你妈就跟关不上的水龙头似的，天天唠唠叨叨，却从没发现，我没对她说过一句话。”

这则笑话自然是有些夸张，但也反映出一个道理：所谓交谈，最基本的特点就是双向互动。一场谈话是否成功，关键不在于你的发言是否足够精彩，而在于谈话双方之间的互动是否和谐、畅快。

在现实生活中，不少人常常会将单向的表达当作是交谈，用下结论的方式去和别人谈话，却又责怪对方不给予回应，不愿和自己沟通。

但事实上，如果你已经对某个事情下了结论，别人还能说什么呢？即使别人说了什么，又有什么意义呢？真正阻断交谈与沟通的，其实恰恰正是你自己已经笃定的那个结论。

有一次，朋友家的孩子在学校跟人打架，然后家长就被叫去学校谈话。等他们回到家后，父亲就气急败坏地指着孩子开始骂。孩子也不服管，顶了几句嘴，要不是一大家子人都劝着，估计这父子俩就直接动手了。

后来没过几天，事情水落石出了：孩子和同学打架，是因为对方欺负他们班上的另一个同学，他看不过去，挺身而出，为那个被欺负的同学解围，两人发生摩擦，这才打了起来。

后来我问这个孩子：“你为什么不把事情的经过告诉父亲

呢？如果当时说清楚，不就能避免那场争吵了吗？”

他说，当时他还没来得及开口解释，他父亲就直接指着他骂了一句：“真是烂泥扶不上墙，整天惹是生非……”他想，既然父亲在心里已经认定了这件事情是他的错，那他还有什么好说的呢？

可见，结论是交谈的终结点——当你对某件事情下了结论之后，别人也就失去了再与你探讨或沟通的欲望。

因此，在交谈中，如果你希望让某个话题持续下去，希望能够得到别人的回应，希望能够与他人产生良好的互动，就一定要记住：不管对任何事情，都不要轻易下结论。

3. 加热“谈兴”，让对方主动提问

同一个故事，经过不同人的讲述，往往会有完全不同的效果。

这就像同一部剧本，经由不同的导演执导拍摄之后，呈现出的故事情节往往也都有差别。很多经典电影之所以让人惊叹，并非因为它的素材有多么令人惊喜，而是因为它讲故事的方式

实在引人入胜。

克里斯托弗·诺兰执导的一部经典电影《记忆碎片》，就在这一点上体现得淋漓尽致。

它所讲述的故事其实很简单，就是一个患有“短期记忆丧失症”的男人通过自己支离破碎的记忆，不断寻找杀害他妻子的凶手的故事。

事实上，他妻子的死亡是他自己一手造成的，而曾经袭击过他和他妻子的歹徒，也就是他一直在寻找的所谓“凶手”，早已经被杀死了。

假如这部影片是以“上帝视角”来讲述故事的，从男主角和妻子被袭击，到患病，再到发生了种种事情……很显然，故事将会变得索然无味。

而导演的高明之处就在于，他打乱了整个故事的叙事方式，让观众跟随着男主角的步伐，一点一点根据自己破碎的记忆片段，去寻找背后的真相。然后，再将真相切割成一个个片段，穿插在其中，让人不由自主地去探寻、去追问，这才造就了电影史上的一部经典。

人都是有好奇心的，当你面前出现一个问号的时候，这个问号总是会吸引着你不断向前去寻找一个答案——不管是小说、电影，还是电视剧，吸引着我们不断看下去的，正是一个个的问号，一条条延续不断、不知将会伸向何方的线索。

如果你听过评书，那一定会记得那句著名的台词："欲知后事如何，且听下回分解。"

这大概是所有评书迷最"痛恨"的一句台词了，因为这句台词总是会出现在最精彩、最关键的时刻，让故事带着问号戛然而止。但也正因如此，听众很想知道问号后面的答案，于是，依然会在第二天的同一时间继续去收听。

聊天其实也一样。你想让谈话对象对你所说的事情感兴趣，希望能与你一直进行交流，就要懂得设置悬念，激发对方的好奇心，引导对方主动向你提问："为什么？""后来呢？"

要知道，悬念无疑正是加热"谈兴"最有效的工具。

也许你会说："那我的谈资不是悬疑故事，我怎么去设置悬念啊？"

注意了，交谈中所讲的"悬念"，通常是由故事的讲述方式来决定的，而非故事的素材、内容。

比如，讲一个侦探故事，通常是按照"案发——侦探介入调查——在调查过程中发现蛛丝马迹——根据这些蛛丝马迹，抽丝剥茧地寻求真相"这样一个顺序来讲的，每一个步骤都充满了悬念。

案发，我们自然会好奇犯人是谁，为什么犯案；寻找到线索，我们自然也想知道，这个线索代表了什么，查下去能得到一个怎样的真相。但如果换一种方式，一开始就讲有人在犯案，为什么犯案——这样的话，悬念都没有了，故事也就没有吸引力了。

那么，怎样才能让对方产生好奇，在谈话中主动向我们提问呢？其实很简单，最常用的方法有两个：一是掌握语言的节奏，在恰当的时候进行停顿——把你的谈资分割成几个不同的片段来说，就像电视剧的分集一样；二是设计“违和感”，用不寻常的故事来展开叙述，让他人对过程产生兴趣。

第一个方法——停顿

掌握这种方法非常简单，只要在聊天中适当地进行停顿，让对方主动问“后来怎么样”，然后再继续讲述下去就行了。

这种方法的巧妙之处，就在于能够激发对方的好奇心，然后再满足它。更重要的是，如果你要讲的故事比较长，适当地让对方参与互动，还能防止他们走神。

在哪里停顿，也是非常有讲究的——你得让对方产生好奇心，想知道后续的发展。举个例子：

以“程序员小杨辞职去开面馆”这件事情为谈资，如果有同事告诉你：“程序员小杨前阵子辞职了，去开了家面馆。”

你是什么感觉？显然，这个话题没什么好继续的了。如果说你和小杨很熟，可能顺便会问一句，面馆在哪里，什么时候去捧个场之类的。如果你压根儿就不认识小杨，那对这个事情就更没有什么意见可发表的了。

但如果换个方式，同事这样说：“程序员小杨前阵子辞职了，去开了家面馆，他原先每个月工资能拿一万多元呢——”

对方停顿了，是不是？

这就是停顿的妙用：不管你和小杨熟不熟，是不是很想知道，小杨开了面馆之后挣的到底是比原来的工资多还是少呢？有了这个停顿点，你对整个事情的关注点也就不同了。

第二个方法——设计“违和感”

好奇是怎么产生的？说到底，其实就是“违和感”。

一阵风吹过来，门关上了，你不会感到好奇，因为一切都顺理成章：因为风吹，门才关上了，没有什么可探究的。

但如果说窗户都关着，屋里根本没有风，你也没感觉到其他外力，可是门突然关上了，那就值得探究了——明明没有其他外力，门怎么就关上了呢？不符合常理，这种违和感就很容易激发好奇心。

朋友宋亮是一名警察，他在和别人聊天时就非常擅长制造违和感，以此来激发对方的谈话兴趣。他这一招在逗女生方面非常好用，常常能博得红颜一笑。

有一次，局里刚破获一件诈骗集团的犯罪案，在一场朋友聚会上，宋亮就说起了这个事儿。如果是其他人述说这件事情，不外乎就是抒发一下感情，表示自己很高兴，辛苦那么久终于有收获了之类的话。

宋亮不一样，他是这么跟旁边的女孩子说的：“前阵子上了头条的那个新闻，看了吧？那个诈骗团伙就是我们组抓的。抓到那些骗子后，哥哥我可心塞了，难过得几个晚上都睡不着……”

这话一说，原本对这个案件本身没什么兴趣的姑娘，便觉得有意思了，好奇地追问他：“这都抓到人了，你心塞什么啊？不是该高兴才对吗？”

这哥们头一垂，回答说：“瞧瞧他们账户上的资产，我能不心塞吗？动动嘴皮子骗一单，可比我这执法人员一年挣的钱还多啊！”

姑娘娇羞一笑，瞪了宋亮一眼：“那你也去做骗子呗。”

自然而然，宋亮就着这个话题，表达了自己的正义感、高风亮节，人实在，不会说谎骗人等。瞧见没？高手就是这么炼成的，哪怕你对这事儿没兴趣，我都有法子博你一笑。

但要注意的是，违和感虽然能激发别人的好奇心，但解释这种违和感的答案，才是博取对方好感的“重头戏”。

就像警察宋亮，他利用破获案子后的“心情不佳”来设置违和感，引发了谈话对象的好奇心。而之后解释这种违和感的答案既无伤大雅，又能透露出以下信息：我对正义的执着胜过金钱，并且我为人诚实，不会去骗人——明着是自嘲赚钱少，暗着却是把自己给好好夸了一通，不愧是个中高手！

另一位就是反面教材了。

Z是一位小有名气的律师，业务水平没得说，但却非常不擅长开玩笑。

有一次在饭局上，Z无限惋惜地跟大家说："前阵子我接了个案子，和对方谈好了佣金，要是能做成，能收入两万多元。唉，想想就难过啊……"

这里，同样设置了悬念。

于是，有人好奇地问："这生意都成了，还难过什么啊？"

Z说："我前几天遇到了一个师兄，一聊才知道，那案子按照市场行情来说，佣金可以收五万元左右，我这相当于给他打了五折还多，当然难过……"

答案揭晓，大家除了叹一句"那还真是可惜啊"，还能说啥呢？

同样是设置违和感来激发谈话对象的好奇心，但最终答案揭晓后，所取得的效果却是全然不同的。律师Z的答案，显然并没有给谈话对象任何惊喜，反而可能会让谈话对象觉得，他是不是在炫耀自己赚得多。

此外，并不是所有话题都适合以设置违和感的方式来开场。

比如说，你和一个爱狗人士聊天，开场是：“前几天，我邻居家的狗死了。那条狗老是咬人，还随处大小便，现在我很开心。”

那完蛋了，不管你后来给出的答案有多么精彩，恐怕都无法挽回你在对方心中的印象了——因为你已经触及了对方的禁忌，激发了对方对你的反感情绪。

4. 话题“热”不如情绪“热”

我们对人或事物的感觉，主要是由情绪决定的，而不是理智。这一点，相信每个人都深有体会。

比如说，你身边可能存在这样一个人：他有很多优点，人人都夸赞他好，但你却偏偏不喜欢他；而另一个人呢，可能有很多缺点，一数一箩筐，但你却偏偏喜欢亲近他。

再比如，某件物品可能很实用，设计也很新颖，但你却完全不想要；而另一件物品呢，几乎没什么用处，也不见得有多好看，却偏偏入了你的眼，心甘情愿地掏钱包。

像这样理智和情感背道而驰的情况并不少见。很多时候，喜欢或讨厌并不需要多么严谨的理由，哪怕只有一个触发情绪的小火星，也可能造成一场情感的大爆炸。

可见，在与人交往时，如果你想让对方喜欢你，愿意亲近你，你需要考虑的不是如何成为一个完美的人，而是如何调动对方的情绪，触动对方的情感。

有句古话说，“道不同不相为谋”，意思就是说，两个人走的路不同，是不能长久在一起共事的。

这里说的“道”，所指的其实就是价值观和世界观。价值观和世界观不同的人之所以很难进行沟通，说到底，其实是因为缺少情感共鸣。

比如，你认为友情比爱情更重要，那么，对于那些为了爱情而放弃友情的人，你可能会义愤填膺。而另一个人认为，爱情比友情更重要，那么，对于为了爱情而放弃友情的人，他就会感同身受。

由于价值取向的不同，你们俩是很难产生情感共鸣的，因此，也就很难对彼此产生好感。

情感的触动，最直接的刺激就是情绪。

比如，你每次见到某个人的时候，都会因为某些原因，或者某些事情让你觉得心情很好，那么久而久之，即便这个人什么都不做，你对他也会萌生出一种好感——因为在你的潜意识里，这个人的出现和你的好情绪之间已经形成了一种关联。

反之，如果你每次见到一个人的时候，都会因为某些原因，或者发生了某些事情让你变得情绪低落，那么久而久之，即便对方没有得罪你，恐怕你也不想再见到他了。

可见，情绪的好坏对于情感的好恶有着直接的影响。

有趣的是，情绪这种东西往往具有“传染性”：当你看到一个人哭得很伤心的时候，你的心情自然而然也会随之变得沉重；而当你看到一个人笑得很灿烂的时候，你的心情也会随之变得明媚。

所以说，在一场谈话中，情绪“热”往往比话题“热”更重要——不管多么热门的谈资、多么有趣的话题，如果不能调动起对方的情绪，让对方产生积极的回应，那么，这些谈资和话题对于这场谈话的意义都是非常淡薄的。

反之，哪怕这些谈资或话题都很平淡，但只要能入得对方的眼，让对方情绪高涨，这场谈话就同样是成功的。

几年前，我认识了一位非常有名的理财指导师，他在给每个学员上培训课之前，都会让他们思考一个问题：你所从事的工作的意义何在?

这个问题乍一看，颇有些假大空——不外乎就是一些“给自己提高生活质量”“为社会做贡献”等之类的标准答案。

我很奇怪，为什么这样一个毫无技术含量的问题，会成为这位理财指导师每次培训的固定题目。

面对我的疑惑，理财指导师给我讲了一件他亲身经历的事，事情的经过是这样的：

那是他刚从事理财行业的时候，他是培训班里最优秀的学员，不管是辩论还是演讲，没有任何人是他的对手——他掌握了所学到的一切语言技巧，瞬间就能在脑海中想出十几个不同的句子来表达同一个意思。

可问题是，在和客户接触的过程中，他发现，不管他有多么会说话都没有用，因为根本没人愿意去听他说这些——有时候，他甚至还没来得及把所学的语言技巧运用起来，客户就已经掉头走开了。

在很长一段时间里，他都感到非常苦恼，甚至怀疑自己是否适合这个职业。

当时，他的导师知道了这个情况后，就布置了一道题目给他，就是“你所从事的工作的意义何在”这个问题。导师是这么对他说的：“如果你的语言没有一丝温度，无法让我感受到丝毫热情，你又怎能奢望我回报给你热情呢？”

最后，理财指导师告诉我，正是对这个问题的思考，拯救了他的职业生涯。他给学员布置这样一道题目，要的不是一个标准答案，而是希望每个人都能在思考这个问题的时候，找到一个理由，来激发自己对这份工作的热情。

我和这位理财指导师谈论过关于理财的一些事情，不得不说，我对理财的兴趣正是由此开始的。

在和他的交谈中，他并没有说出任何关于“人必须得学会理财”之类的至理名言，也没有用任何大道理来让我哑口无言。事实上，我之所以对理财开始感兴趣，完全是因为我很好奇，为什么他对理财这件事充满了兴趣和热情。这让我感觉到，理财似乎是件非常有意思的事，让我忍不住想去探究一番。

情绪是语言的温度，同样一句话用不同的情绪表达出来，整个意思也可能会完全不同。在和别人交流、沟通的时候，我们不能仅仅只做一个事实的陈述者——在谈话中，如果你无法调动谈话对象的情绪，那么，无论你的语言多么有技巧，也很难引起对方的情感共鸣。

你必须将自己的情绪感染给对方，或者接纳对方所传达的情绪——只有充分调动起谈话的情绪，这场谈话才可能升温，你与谈话对象之间才可能产生良好的“化学反应”。

试想一下，如果你和一个人聊天，不管说到什么事情，对方都面无表情，毫无情感波动，你会觉得这场谈话有意思吗？所谓的“知己”，最重要的一点，就是要能同仇敌忾，共同愤怒所愤怒的、高兴所高兴的。

当谈话双方在情绪上达成统一后，情绪的相互感染会让彼此的情绪体验更加强烈，那么，这场谈话也就更加会让人觉得畅快淋漓了。

这就是为什么在生活中，有时你会感觉到，和朋友凑在一起说一堆无意义的废话，似乎比和一位智者在一起探讨生活的真理更有意思的原因了。

5. 倾听是最成功的交谈

很多人以为，交谈的重点在于“说”。所以，我们在讲“交谈”“聊天”的技巧时，也都会不断强调谈资有多重要，强调如何表达意见，如何让你说的话引起别人的兴趣，获得别人的认同，等等。

但事实上，一个好的谈话对象，最重要的一点不是要会“说”，而是得会“听”。

回想一下，在你认识的人中，或者交谈过的对象里，有没有那种一直喋喋不休、丝毫不给你说话机会的人？

回想一下你们交流的过程，他不断地说、不断地说，不管你赞同还是反对——事实上，他根本不在乎你的反应是什么，他只是不停地冲着你说话。这样的情形，很令人沮丧吧？

如果你确实有过这样的体会，我想你一定明白，在一场成功的交谈中，倾听到底有多么重要了。

我有一位女性朋友S，很多人都喜欢和她聊天，基本上认识她的人，都会习惯性地把她当作“知心姐姐”，什么事都愿意和她聊，跟她说。

但事实上，S并不是那种善于言辞的人，客观来说，她甚至并不是一个很爱说话的人。那么，大家到底为什么喜欢和她聊天呢？她的魅力体现在何处呢？

现在我给大家讲一个故事吧。

有一年，S的一个同学去非洲旅行回来，带了不少礼物，便约了一些朋友出来聚会，顺便分发礼物，其中就有她。

S曾经是一名旅游编辑，去过很多地方旅行。在她转行之前，她的专栏一直很受欢迎，也曾连载过几期关于非洲的游记，写得非常有意思，于是她们便聊起了这方面的话题。

同学对S说：“你还记得以前你的专栏连载过几篇文章，是关于非洲游记的吗？我就是看了你的那些文章觉得特别有意思，所以这次才去非洲的。说真的，的确不虚此行。你当时都去了哪些地方？你那趟旅行，一定比你写的游记还有意思吧？”

“非洲确实很有意思。我是两年前去的，现在一定跟那时候有很多的不同吧？”S冲同学笑着，突然话锋一转，“你和我们说说呗，你这趟旅行怎么样，都去了哪些地方，看了些什么风景，让我们也感受一下现在非洲那边的风情！”

接下来的时间里，几乎都是同学在讲述自己这一趟非洲旅行的见闻，S不时附和几句，或感叹一番。

说实话，那场聚会很开心，大家听得很专心，S的同学当然说得更激情——每个人都喜欢有人愿意听自己说话，并且还是那种津津有味地听，这让S的同学感到很满足。

我相信，如果由我这位朋友S来分享她的非洲故事，一定会比她同学说得更加精彩——这一点，我深信不疑，毕竟，她写的游记非常吸引人。

但S把这个机会让给了同学，自愿成了一名倾听者，让同学从中获得了极大的满足感。所以，我们要明白，在一场谈话中，会倾听有时能给说者带来更多的满足感和愉悦感。

每个人都是有表现欲的，都渴望能获得别人的认可。而在一场谈话中，说的人显然就是谈话的主角，拥有更多的表现机会——你想表达自己的意见，想用精彩绝伦的语言让对方折服。但是，你有没有想过，与你谈话的人是否也有同样的渴望。

演讲者都是需要观众欣赏的，对于他们来说，观众正是一切满足感与成就感的来源。

演讲者想要取悦观众，往往要比观众取悦演讲者困难得多，如果你愿意在一场谈话中扮演观众，那么，只要学会倾听与赞美，就能让演讲者感到愉悦和满足了。

而这些，正是我们想尽办法准备谈资，学习说话技巧所想要达到的目的！

需要注意的是，倾听，并不意味着你只要安静地听就行了，你得传达一个态度——你得让对方知道，你在认真地听，你在乎他说的每一句话，甚至你欣赏他说的每一句话，这是非常重要的。

可能我们都有这样的经历，父母会跟我们抱怨，说我们从来就不曾认真地和他们说话、不关心他们。我们却感到很冤枉。

事实上，不管父母对我们说什么，哪怕就是家长里短的唠叨，我们都在认真地听，并给予了非常真诚的意见。我们不明白，为什么他们会产生那样的感觉，并因此而抱怨我们。

这是为什么呢？

因为，每次父母对我们说话的时候，我们总是在看手机或者玩电脑，即便我们会有所回应，但他们总觉得我们是在敷衍，没有真正在意他们说了些什么。

因此，我们要调整一下和父母的沟通方法，每当他们对我们说话时，我们都应该看着他们，表现出一副认真的样子。

他们边说边笑的时候，我们也笑；他们在指责某个人的行为时，我们也点头赞同，表示确实该谴责；当他们在讲述某件事情的过程中出现停顿时，我们适当地回应一些简单的语句，比如“是的”“我明白”“然后呢”“天哪”“说来听听”“之后怎么样了”……

这样，父母对我们态度的改变会感到非常满意，他们会觉得我们是一个很好的聊天对象，和我们聊天非常愉快。

虽然在整个交谈过程中，我们都没有发表过任何有实质意义的观点，甚至很多时候其实已经走神了，但我们的表现依然让他们感到愉悦。因为父母与我们聊天，从来不是希望从我们这里得到某种意见，而只是单纯地希望有人能倾听他们的话语，并认同他们罢了。

有人可能会认为，这样惺惺作态不免虚伪了些。但你是否想过，我们想要了解一个人，只能通过对方的言行举止去琢磨，而不可能用某种特异功能看穿对方的脑袋里都有些什么想法。

同样，当我们与别人交谈时，我们也只可能从对方的外在表现去推断，他们是否在听我们说话，是否给予了我们回应。毕竟，我们不可能跑到对方的耳朵里，瞧一瞧我们的语句有没有被听进去，也不可能冲进对方的脑袋里，看一看他的思维是不是和我们的谈话契合。

所以说，与其让对方怀着忐忑的态度去猜测，你是否对他说的话感兴趣，为什么不直接表现出来，让他得到足够的满足感和愉悦感呢？

你表现得越是重视、欣赏对方的谈话，会让对方越是愿意与你交谈。当然了，你也必须真的用心去倾听，否则，一不小心出现“驴唇不对马嘴”的回应，那就相当尴尬了。

此外，在某些时候，我们不可避免地会成为谈话的“表演者”。

比如，当我们试图说服我们的谈话对象接受某些条件，或者我们的谈话对象实在不善言辞，无法填充交谈的空白时，我们总得想方设法地让这场谈话不至于出现长久的沉默和尴尬。

但即便如此，也一定要记住，留下足够的倾听时间，去倾听你的谈话对象所说的每一句话，这将能帮助你更好地主导这场谈话，让你更容易找到谈话对象的兴奋点，明白他们内心的需求。

请记住，倾听才是最成功的交谈，任何说话技巧都比不上认真倾听的态度。

6. 重回“热点”，从尴尬中自救

人都有说错话的时候。但说错话不要紧，肯及时低头认错，哪怕不能让别人完全心无芥蒂，也不至于惹出什么麻烦。

但偏偏不少人碍于脸面，有时候明明知道自己说错了话，却不肯拉下脸来道歉，只会一味地逃避，甚至硬着头皮将错误继续下去。

这样，最终只会导致一系列的不良后果，得不偿失啊！

我们认真准备谈资，钻研谈话技巧，甚至一遍遍在脑海中演练即将发生的谈话，就是为了避免犯错，尽可能让谈话顺利、愉快。但正所谓“智者千虑，必有一失”，不管准备得多么充分，付出多少努力，也不可能完全避免疏漏。

因此，说错话之后的补救措施，就变得尤为重要了。

诚然，我们都希望这种补救措施不要出现在任何一场谈话中，但掌握这些措施也是逃不过的必修课。毕竟，一场准备已久的谈话，若是仅仅因一句话的疏漏就毁于一旦，那也实在太过于可惜了。

那么，我们就来具体说说，这错从口出之后，要如何从尴尬中自救。

第一招：果断道歉

这大概是最不需要技术含量的方法了。说错话这种错误，可能人人都会犯，只要能放下面子立即道歉，通常来说都能获得别人的谅解——哪怕已经无法挽回之前良好的交谈气氛，但也不至于尴尬到不可补救。

第二招：妙用转折

说错话以后立即道歉，从态度上来说是可取的，但从效果上来说，不免会打些折扣。而且，在某些情况下，就算你意识到自己说的话惹别人不高兴了，也没法子去道歉——因为这一道歉吧，反而可能显得别人小心眼了。

怎么办呢？别忘了，有个词叫作——但是。

之前，我说过一个朋友的事情，他在饭局上和另一位在执法部门工作的朋友讨论一件案子，然后大肆批评执法人员在破案过程中的种种错误和疏漏，让那位在执法部门工作的朋友很是下不来台。

无独有偶，我另一位朋友小杜也遭遇过类似的情况，但他的处理方式相当聪明和巧妙。

那次，小杜在饭局上谈论一个当时闹得沸沸扬扬的“假新闻事件”，并由此提到了记者的职业操守问题。

当时，在座的朋友中就有一位记者。小杜说得比较激动，一时没注意就脱口而出：“干记者这行，可以用三个字形容：脏、乱、差。要么为钱泼别人脏水；要么为博眼球胡乱报道；要么为交差粉饰太平……”

说到这里，那位记者朋友的脸直接阴下去了，原本热烈的气氛顿时变得有些尴尬。

这时，小杜也猛然意识到自己说错了话，但在这种情况下，道歉吧，好像不太合适；不道歉吧，这岂不是结下了梁子。怎么办呢？

小杜顿了几秒钟，立马话锋一转，接着说道：“这一行真是乱象横生，但是，在这一行工作还能保持本心的人，才真正令人敬佩啊！就像古话说的，‘出淤泥而不染’。

“比如，我们的廖大记者，之前揭露化工厂黑幕那篇新闻，就是良心报道。你们说，社会上要是多几个像老廖这样的记者，那该多好啊！得，老廖，就冲你上次那篇报道，哥怎么也得敬你一杯！”

听到这话，在座的这位廖记者脸上立马就多云转晴，大家一起举杯，气氛比刚才的还热烈。

小杜这转折，不仅弥补了之前脱口而出的错话，还把老廖狠狠夸了一番，而且夸得言之有物，特意提到老廖一直引以为傲的那篇报道，把险些降到冰点的气氛瞬间又推上了一个新高潮。

第三招：巧妙“嫁祸”

说错话，最怕的就是对方因为这句错话而产生心结，降低了对你的印象分。所以，在这种情况下，只要还有机会，不妨立刻把错误“嫁祸”到别人头上，和自己撇清关系。

这一招用得炉火纯青的，当属卢芳。

卢芳是做生意的，深谙“见人说人话，见鬼说鬼话”的精髓。有一次，在一个朋友的生日宴会上，一位跟她不是太熟的女士走过来打招呼。那位女士穿了一件黑缎子旗袍，卢芳当时喝了不少酒，看着那位女士，突然就说了一句：“哎，这旗袍穿着特别显老！”

话刚一出口，卢芳顿时就意识到自己失言了，一个激灵，赶紧又镇定地继续说道：“真的，前几天我在一家店里看到一个人试穿，特别显老。可没想到，你穿着那么漂亮，看着特贵气。看来，这不是旗袍的问题，是人和人之间的区别啊！”

听了这话，那位女士显得很高兴，走路把腰板挺得更直了。这生意人的应变能力，的确令人佩服。

还有一次，朋友给卢芳介绍了一个客户，听说那客户是个球迷，卢芳也赶紧临时抱佛脚地了解了一下足球常识。

在喝酒聊天的时候，酒吧的电视里正好在播放一场球赛，德国对阿根廷的。那位客户是地地道道的德国队球迷，结果卢芳大概记差了，为了拉近和客户之间的关系，说了一句：“这场比赛阿根廷赢定了！”

话一出口，卢芳立马察觉到客户的脸色变了，不等客户出言反驳，她又赶紧补了一句：“网上好多人都这么说。可我不觉得，我还是认为德国队比较强，‘铁甲战车’的战斗力不容小觑啊！刘总，您觉得呢？”

客户一拍大腿：原来是同道中人啊！

第四招：将错就错

某些场合对错误的容忍度是非常低的，比如婚礼、成人礼、生日聚会等。对于这些场合的主角而言，这些日子都是有特殊意义的，一句错话不仅会让说错话的你陷入尴尬，还可能会破坏主角一天的好心情。

在这种情况下，一旦出现错误，就需要多多开动脑筋，想点法子来自圆其说，补救一下了。

有一个婚礼主持人，在主持一场婚礼时就险些犯下大错。

在祝福新人的发言中，主持人说道：“……感情的世界需要时常进行润滑，你们二位就好比一对旧机器……”话音未落，举座哗然。

大家都知道，这场婚礼的两位主角都是二婚，所以，主持人这话颇有含沙射影之嫌。

这其实是主持人的口误，他原本准备的讲稿其实是想说，每对新人都像机器一样，结合在一起时难免会有摩擦，应该相互谅解。

面对当时那种情况，即便立马纠正，恐怕也难以化解尴尬。于是，主持人想了想，赶紧接着说道：“……已经成功度过了磨合期。相信二位在未来的生活中，一定更能相互体谅，陪伴彼此走完漫长的人生之路……”

将错就错，妙语生辉，总算没破坏婚礼的美好氛围。

每个人都不免会有说错话而陷入尴尬的时候，在这种时候，最忌讳的就是逃避和死不认错。要是脑子实在不好使，怎么都想不出自救之法，兜不回尴尬的错误，那就大大方方地认错、道歉吧。

错误就像伤口一样，捂着藏着，天长日久反而可能日益严重，腐烂流脓——大大方方露出伤口，哪怕当下不好看，也总有痊愈的时候。

第五章

“冷场力”是你的负资产

传说，冷场是因为在谈话间有天使路过，谈话的人感觉到了天使的存在，所以自觉地闭上了嘴巴。但是，对于很多人来讲，他们身上似乎有一种特殊的能力——冷场力，他们一开口，别人就无从接口，因而引发经常性的冷场。

对于这种人来讲，绝不是因为他们受到了“天使的眷顾”，更像是被魔鬼所诅咒。如何摆脱自身冷场力，在这一章将给出答案。

1. 我为什么那么害怕冷场

我为什么如此害怕冷场?

为了更好地阐述人们害怕冷场的原因，现在来做一个有趣的假设：假设忽然之间，蔡康永的主持能力卡壳，将会出现怎样一种情形?

很多人都看过蔡康永主持的节目，知道他的节目很棒。他总是会在不经意间把观众带到一个个问题中，而这些问题被他用特殊的方式巧妙串联起来后，节目仿佛就变成了演说。在每场由他主持的“演说”中，无论嘉宾还是他自己，都能参与进去，而每位参与者都是演说家。

奇怪的是，这些看起来像是演说的综艺节目，不仅没有让观众觉得枯燥无趣，反而能深深吸引他们。为什么会这样呢?

原因很简单，因为蔡康永会说话。在《康熙来了》中，他总能在恰当时机用合适的语言调起观众的兴趣，同时配合小 S 的搞笑天赋，让观众开怀大笑。这是他主持节目成功的诀窍所在。

现在，假设蔡康永的主持能力卡壳，不会说话了。然后呢?

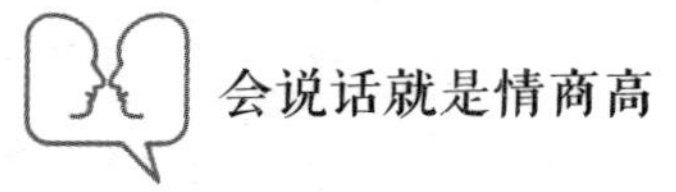

可以想象，他和观众之间定然会出现冷场的局面：激情演说变成陈词滥调，舌灿莲花变成词不达意。

如果是这样，那么，观众还会有兴趣继续看节目吗？不要说兴趣，这个时候，观众是否肯留下来还是个未知数。

冷场，就是这么让人难受。实际上，不仅是在舞台上，生活中大大小小的冷场情形也同样会让人难受。

早晨，你跑步回来，在路边恰好遇到同一栋楼里的邻居，互打招呼后你们结伴而回。可是，因为实在不知道该和对方聊些什么，所以你们只能一路沉默。

约见客户，你和对方谈完工作后，本想聊些什么话题拉近彼此的距离，却又不知道该从何说起，只能尴尬地坐着。

公司举办活动，作为管理层，你需要讲几句话。可是，站在台上你却忽然卡壳了，最后只能草草结束。

类似这样的情形，你是否遇到过呢？如果遇到过，相信你能深切体会到冷场的尴尬。

无论交谈、聚会，还是议事、谈判，冷场都会让人觉得非常不舒服，因为它会带来窘迫的局面。

在人际关系中，冷场无疑是一种“冰块”，它能破坏所有热烈的氛围。大家都知道，热烈的氛围才是人际关系和谐发展的重要路径，可以说，冷场是人际交往的大敌人。

下面，我来举几个例子，大家就能明白冷场对人际交往的危害有多大了。

其一：小A毕业于某名牌大学，目前就职于一家外企。虽然他的条件优秀，但因性格腼腆，不爱说话，30岁的他至今还没有女朋友。

为了他的婚事，父母可是操碎了心，没少替他张罗相亲的事。身边的朋友也不断给他介绍对象，希望他能早日解决个人问题。可是，相亲数十次，他至今仍孑然一身。

为什么会这样呢？好友找他谈心，揭示了他屡战屡败的原因。

他这样对好友说："也不知是怎么回事，每次相亲的时候我总会觉得无话可说。上次见的那个女孩子，其实我挺喜欢的，可是在咖啡厅里，我替她点了一杯咖啡后，脑子就一片空白，不知道该说什么好了。

"看得出来，她也很想打破这种冷场局面，于是试着和我聊了几句。可是，回答过她的提问之后，我又不知道说什么了，只得继续冷场。后来，她发来微信说，我这个人太无趣了。我想，这就是我相亲失败的根本原因。"

其二：小C大学毕业后，找了份医药代表的工作，主要做眼科和耳鼻喉科非处方药，以门诊为主。入职三个月来，小C业绩平平。

他在日记中记录了自己的日常工作：

早上，到门诊晨访。由于医生时间比较紧，所以只是打了招呼，感觉效果很不理想。

中午，医生休息，不好意思打扰。

下午下班之前，医生终于有时间了，于是再次去拜访。

可是，闲聊几句后，他实在不知道要聊些什么，不知道怎样才能聊到医生感兴趣的话题，于是场面冷了下来。医生开始整理一天的工作，而他只能站在一旁看着医生工作。

两个小故事，从不同的生活场景揭示了冷场带来的负面影响。

这些影响可大可小，可能是相亲失败，也可能是拓展客户资源无果，还有可能是谈判破裂、演讲失利，等等。大家试想一下，如果在重要会议的谈判桌上或重要场合的讲台上，突然出现冷场，那将会是多么糟糕的一件事。

美国政治家汉弗莱非常喜欢演讲，但他的演讲却总是不大受欢迎。原因就是，他演讲的时候喜欢东拉西扯，往往讲了一大堆东西，却丝毫没有主题。

有些人演讲以幽默取胜，有些人演讲以激情博人眼球，而汉弗莱的演讲却冗长而平淡，没有什么特色——他自己也说，他演讲的时候像是一个酒精中毒的醉汉。这导致他演讲时总会出现冷场：台下的观众总是一脸茫然或交头接耳，而响应者寥寥无几。

对于任何人来说，冷场都是一种气体毒药——现场气氛会冷到冰点，人际交流会僵到极点。

如果你是冷场环境的主导者，那么抱歉：额头渗出热汗，心里极度抓狂，大脑一片空白，明明只有十几秒，却感觉像是过了半个世纪，越害怕越尴尬，越尴尬越害怕……这些“冷场综合征”都会出现在你身上。

当然了，当脑袋稍微清醒一点，你又该考虑别的事情了：一会儿大家会不会笑话我？怎么办，我的演讲实在太糟糕了！这次业务招标，看来没希望了……这些冷场带来的后果，你又得焦虑了。

如果非要找一个词来形容冷场，我们更愿意称它为“有毒的冰块”。

现在，让我带着大家回到最初的问题——为什么害怕冷场？

答案已经出来了，因为——冷场有毒。

2. 请注意，冷场要来了

我讲过社交活动中冷场的危害，它像毒药一样会腐蚀参与者的热情，让交流者的兴趣降至冰点。如果冷场最终无法打破，那么，整个社交活动将以悲惨局面结束——演讲、谈判或者聚会，都将很难取得预期效果。

总结起来就是一句话：冷场是社交活动的大敌，大家害怕是有理由的！

可是，害怕了又当如何呢？你和我一样，依然会去演讲、去聚会、去谈判，因为沟通交流是人类社会属性的一种表现形式，任何人都无法把自己独立起来，不与人交流。

所以，大家必须要在交流的基础上绕过冷场。这如同在战场上，如果能够有效地发现并避开雷区，那么，将能以最小的付出获得最大的胜利。

问题是，要怎样发现并绕开冷场这个雷区呢？

宋代高僧释普济曾言道：“叶落知秋，举一明三。”这句话的意思是，看到树叶飘落，就知道秋天要来了，举一反三，通过迹象可预测形势的发展变化。

我要说的是，大家想要在社交活动中预测冷场的发生，也有很多蛛丝马迹可寻。

社交活动中，相互交流的对象是人，因此，冷场的征兆往往体现在人的细微动作上——一个人，可能因为知识、阅历或能力等原因，能够在内心波涛汹涌的时候做到面不改色——明明很讨厌某种场合或者某个人，却可以表现出很喜欢的样子。

这个人也许很会演戏、会装，但是他却一定无法控制自己的微反应。

所谓微反应，是指人的身体不受思想控制的一种本能，而这种本能最能体现人内心的真实想法。因此，我要告诉大家，通过观察人的身体微反应，往往就能够预先知道冷场的到来，进而采取有效的应对措施。

例如，在同别人交流时，你往往会注视别人的眼睛。

眼睛是人内心世界的窗户，能够清晰、直接地反映人的心理活动，因此也会成为微反应最明显的地方：当你看到厌恶或恐惧的事情时，会本能地迅速闭上眼睛，甚至会用手遮住自己的眼睛；反过来，当你看到喜欢或高兴的事情时，瞳孔会迅速扩大，眼睛会变得炯炯有神。

这就是眼睛的微反应。古代波斯商人在出售首饰时，通常会根据顾客瞳孔的大小来要价——因为他们知道，眼睛的微反应能显露人内心深处最真实的想法。

那么，眼睛的哪些反应是冷场到来的前兆呢？

英国心理学家迈克尔·阿盖发现，人们在交谈时，平均有61%的时间在注视对方。所以，他下了这样一个结论：注视时间的长短，反映了人们内心的喜好。过长时间盯视讲话者，含有挑衅的味道；过短时间注视对方，则暗含厌倦或怯懦的味道；当听者对讲话者表示反感的时候，他的眼睛会东张西望，或者盯着别处看。

好吧，如果发现听者的眼睛有这样的小动作时，你就要注意了，这就是冷场到来的前兆。至于如何化解冷场危机，那就要看你的下一步策略了——可以尝试着转变一下谈话内容，再次引起对方的兴趣。

嘴巴也能预示冷场的到来。生理学表明，人的脸部肌肉会随着感情的变化而变化。其中，尤以眼睛和嘴部四周的肌肉最为明显，嘴巴可以做出很多小动作，所代表的含义也很丰富。

心理学家做了大量研究，总结出了一些人们经常会用嘴巴做的小动作。比如咬嘴唇、捂嘴、噘嘴、撇嘴、抿嘴等。其实，对于嘴巴的这些小动作，大家都不陌生，都知道在这些动作里代表反感的小动作是撇嘴。当然，有时候噘嘴也表示反感。

总而言之，在社交场合中，当你发现大部分听者总是有撇嘴的小动作时，就应该注意了——也许接下来冷场就要到来。

当然，还有一种情况——如果听者总是哈欠连天，那么，除了没有休息好的因素之外，也有对话题不感兴趣的可能，这也预示着冷场即将到来。

同样能预示冷场到来的，还有手。在人类的进化过程中，双手发挥了至关重要的作用，双手同大脑的联系也远远超过了身体其他部位。所以，在很多时候，双手不经意间做出的小动作能够反映出一个人内心的真正情绪。

比如，在社交场合，听者紧握双手，表示拘谨和焦虑；摊开双手，表示坦率和诚实；手心向上，表示妥协和服从；手心向下，表示权威和自信。

那么，如果对方的双手一直在做些毫无意义的小动作呢？那可以表明，他对你的讲话内容不感兴趣，甚至有些反感了。

最明显的表现是，对方会不停地变换手的放姿，或者把玩一些小的物件等。如果对方手腕上有手表，而其又不停地看时间，那就更清晰地表明了他的反感心理。这个时候，你是时候换一些谈资了，以免冷场的到来。

腿脚是人身体最诚实的部位，也能预示冷场的到来。心理学家研究发现，躯干保持不动，腿脚轻晃或抖动，这样的动作通常是人们感到不适或者不悦的一种表现。

事实上，在很多场合，这样的动作都会经常出现。如果在社交场合中，你发现对方也有这样的动作，那就极有可能表明，对方对正在进行的交流内容不感兴趣。当然，这也说明，冷场快要来了。

还有很多人体的微动作，都能预示冷场的到来。比如坐姿，当一个人坐卧不宁的时候，如果不是内心焦急的话，那就极有可能代表了对话题不感兴趣；比如站姿，当一个人有意无意想要离你远点的时候，也有可能代表了反感——如果不是反感你这个人，就是反感你的讲话内容。

还有一些微反应，我就不一一赘述了。其实，你只需要多多留心一点，就能从这些人体的微小反应中提前认识到自己的处境——他们不喜欢这个话题，该采取应对策略了。

任何社交场合的沟通交流，都可以看成是一场战争——你的战略得当，进退有据，就能够赢得主动，把握先机。

即便是在与朋友的聊天中，那些轻松有趣、活泼多姿、较为吸引人的话题，也总是更能调起大家的兴趣，而采用何种话题正是我们要选择的策略。

通过人体微反应预测冷场的到来，正是你对选择正确策略前的不断修正——发现大家不喜欢你的聊天内容了，没关系，换一个大家感兴趣的谈资。可能微调之后，你会发现，这才是大家真正想要听的内容。

金庸先生在武侠小说中阐述武功的至高境界时，常用到“料敌机先”四个字，意思是先敌人一步明了其意图，方是取胜之道。社交场亦如战场，我认为可以把交流对象看成敌手，把愉悦交流看成战斗胜利。那么，取胜的关键同样是料敌机先。

交流对象的那些微反应，正是一盏盏用以“料敌”的信号灯，早一些发现，你就能先一步避开冷场。

3. 谁要为冷场负责

在社交场合中，冷场为什么总是频频发生?

演讲台上，你滔滔不绝地阐述自己的理念，讲得激情澎湃、热血沸腾，可台下听众却东倒西歪、眼神飘忽；同学聚餐时，同学们多年不见，谈兴正浓，你刚兴致勃勃地讲了一件事，却忽然发现没有人应和；商务谈判时，你正在高谈阔论，却发现对方在不停地看手表，似乎对此并没有什么兴趣……

这个时候，你会是怎样的一种心情呢？很显然，这时候你会很心塞，也会很纠结：到底是哪里出问题了？为什么会出现冷场?

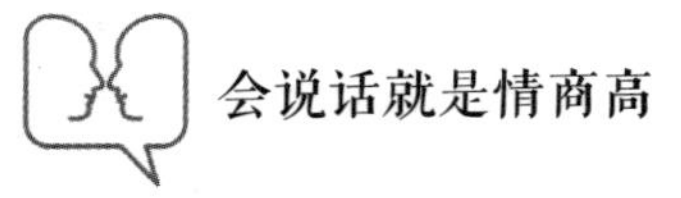

其实，这两个问题可以合二为一，那就是到底谁需要对冷场负责？

有些人认为，社交场合是一个整体环境，所以，这个环境中所有的人和事都得对冷场负责——一个优秀或蹩脚的发言者，一群积极或懒散的听众，一个融洽或僵硬的氛围等，这些都可以消除冷场或诱发冷场。所以，他们认为，冷场的出现，不应该让某一个人买单。

事实是不是这样呢？在我看来，这样讲或许正确，但并不准确。

事实上，冷场出现的关键因素还是在于人，在于那个讲话的人。如果你是演说者或讲话者，那么，一旦出现冷场，你就是最大的责任人。换句话说，你造成的冷场必须由你来负责。

这其实并不难理解。虽然造成冷场的因素会有很多，但身为发言者的你才是主因。出现冷场，难道不是因为你的语言乏味？出现冷场，难道不是因为你不懂得调节现场气氛？出现冷场，难道不是因为你的谈资贫瘠？

社交场也如战场，你是战场上的主帅，你的任何一个疏忽都可能会造成冷场。所以，当出现冷场时，你需要先问一下自己——我做得够不够好呢？

我看过这样一个故事：有一家酒吧，面积不大，但生意十分兴隆。在客人进门后，服务员会微笑着说："欢迎光临，很高兴结识您！"然后递上一张别致的名片。

名片正面，是老板的姓名和联系方式；背面是一个黄色的笑脸符号，旁边写着：你微笑，世界都会跟着微笑。

为什么名片上要印上这样一句话呢？一位客人很好奇，便向老板打听。原来，这里面还有一个故事呢：

起初，酒吧老板是销售体育器材的。因为眼光独到，经营有方，只用了几年时间，他就把公司发展成为当地数一数二的企业。虽然事业有成，但他的缺陷也开始逐渐显露出来——他最大的缺陷就是，不善于处理人际关系。

这怎么说呢？他不喜欢与人交流，极少和员工谈心，同客户沟通时也是三言两语匆匆了事。不管在什么时候，他都会紧绷着脸，员工见到他，都会像见到"瘟神"一样紧急退避。

很多客户也知道他不苟言笑，短时间内还能忍受，可是时间一长，都会私下议论："都是在商海里打拼的人，就算处不成朋友，也不用摆出一副臭脸吧？以后不和他合作了。"

因为这些缺陷，所以，几年之后公司开始出现危机。

首先是公司外部危机。很多大客户纷纷离去，这给公司经营带来了很大的打击。为了扭转局面，他甚至举办过一场盛大的客户答谢会，可是冷场使答谢会无疾而终。

紧接着，是公司内部危机。在公司危难时刻，员工纷纷跳槽，涨工资也无济于事。员工动员大会上，那难堪的冷场成为大家的笑料。

内忧外患下，不到半年时间，他的公司就垮掉了。事业失败如此迅速，自己连挣扎的机会都没有，这让他陷入沉思中。最终，他找到了事业失败的症结，就是不善人际交流——那两次冷场，让他在痛苦中看到了人生方向：没有冷场，人生将会更加顺利。他知道，是自己造成了人生冷场的出现。

于是，他开始尝试弥补自己身上的缺陷，试着搞好人际关系。以前，他极少与亲友聊天，现在总是尽可能多地参加亲友聚会，学着同他们交流——他尽量让自己参与的每场聚会或会议，都不会因为自己而冷场。

他开始学会微笑着同别人聊天，用适当的幽默引起别人的兴趣，用真诚的赞美获得别人的好感……渐渐地，他学会了与人交往，冷场少了起来，朋友也多了起来。

再创业时，无论是与员工相处，还是与客户交流，他都能微笑着应付自如。对每一个人微笑，这已经成为他的经营理念，也成为他的成功所在。

从事业有成，到公司垮掉，再到重新崛起，这位酒吧老板用他的故事说明了一个道理：少一些冷场，将会多一些成功。而人生的冷场，很显然都是每个人自己造成的。

在社交场合中，与人相处其实就像烹饪菜肴，你付出怎样的心血，就会收获怎样的味道。多一些趣闻，少一些滥调；多一些激情，少一些颓废；多一些关怀，少一些自我；多一些微笑，少一些愁苦；多一些幽默，少一些生硬……如果能做到这样，你觉得自己还会遇到冷场吗?

冷场力是社交者的负资产，谁也不愿意让冷场成为人生重负。而要想消除冷场，关键还是得看自己：找准交流频道，说该说的话，做正确的事。

你要明白，一旦进入到社交场中，自己就是主控者——你和别人交流的目的，不是搞定某个人、拿下某个订单，而是通过自我掌控让别人爱上这个环境。

如此，冷场还会出现吗?

4. 幽默，让谈话远离冷场

在所有类型的影片中，喜剧片无疑是受众最广的，即便对喜剧片没有特别喜好的人，通常也不会反感去看喜剧电影。毕竟，能逗人开怀的事物也确实很难令人觉得反感。

同样，在种种不同类型的人中，一个具有幽默特质的人通常也不会令人感到不喜。毕竟，能让你开怀的人又怎会令人讨厌呢？

一个具有幽默感的人，能以乐观、豁达的心态去观察世界，能轻松自如地应付那些在许多人看起来是痛苦、烦恼的事情——他能让复杂的事情变得简单起来，让生硬的场合变得生动起来，让灰暗的心情变得明朗起来……

总之一句话：幽默能让社交变得趣味盎然。

关于幽默，让·保罗·里希特说得好：“幽默是卑下与崇高之间对比的结果。幽默不仅代表了艺术，而且代表了美学和生活中的哲理。”幽默是一门艺术，它最可贵的地方就在于可以透过影射、讽喻、双关等修辞手法，在善意的微笑中揭示生活中讹谬与不通情理的地方。

幽默和搞笑不同，好笑的事情不见得就是幽默，幽默虽然也很好笑，但却比搞笑更有深度——当然，幽默产生的效果也远远高于搞笑。如果能够恰到好处地使用幽默，那么，社交场合中的冷场现象将会很容易消弭于无形之中。

演讲遭遇冷场时，来上一两句幽默的笑谈，尴尬的局面立即会被打破；会议遭遇冷场时，幽默的谈吐会让客户因为你的风趣而对你大加赞赏；谈恋爱时，异性可能会因为你的诙谐幽默而对你青睐有加，冷场自然不会出现……

幽默不仅是一种智慧，还是一种风度，尤其对于那些时常需要与人打交道的外交人员或者商业谈判高手，幽默更是一堂重要的必修课。毕竟，你永远不知道，自己何时会陷入一些尴尬到手足无措的境况，而幽默恰恰便是最好的救场方式。

在美国，想要当总统就得会宣传自己：你必须得到民众的好感，获得大多数人的支持，才可能战胜竞争者，登上总统宝座。大概也正因如此，所以，美国历任总统都极具幽默感。

当时，美国总统小布什到伊拉克访问，在出席一次新闻发布会的时候，小布什正在台上讲着话，一名伊拉克记者突然脱下皮鞋，愤怒地朝着小布什丢了过去。

要知道，当时台下可是聚集了各国的媒体记者，这种情况一旦处理不好，小布什必然会成为各国媒体的笑料。

在短暂的惊愕之后，小布什迅速稳定了情绪，低下头平静地看了看那只皮鞋，然后不失幽默地对记者们说道："现在我能向大家报告的是，这鞋子是10码的。"

这轻描淡写又极具幽默色彩的回答，体现了小布什作为一国总统的风度，也将一场尴尬的风波悄然化解，确实令人佩服。

美国历史上，林肯同样是一个有名的幽默大师。他在参加总统竞选的过程中，发生过这样一件事情：

那是一个夜晚，完成了一天工作的林肯正打算休息，这时突然听到了门铃声。林肯打开门，看到了一个四十岁左右的中年男人。

这位深夜来访的不速之客，开门见山地对林肯说道："您知道，本市的税务局局长不支持您，但没关系，昨天他已经去世了。只要您能承诺让我来顶替那个死去的家伙的位置，那么我可以保证，我会把选票投给您。"

这事看起来简单，但对于正在准备竞选的林肯来说，却是个大麻烦：作为总统竞选人，除了那些繁重的行政工作之外，他还必须树立起一个良好的形象。这个时候，任何一点负面消息传出去，都可能会对他造成巨大的影响。

这位来访者所提出的要求，显然是非常无礼的。如果答应了他，那么这就成了贿选，这样就会上升为一个法律问题。但如果义正词严地拒绝他，让对方下不来台，那相当于给自己找了个敌人。怎么办呢?

机智的林肯朝那人笑笑，点点头说道："当然没有问题，只要殡仪馆同意，您随时都可以去。"

说完之后，林肯就上楼睡觉去了。而那位无礼的来访者，目瞪口呆了半天后，只能哭笑不得地离开了。

被拒绝的感觉可真不怎么好，有时候，即便你明白道理在对方那边，面对生硬的拒绝，也难免会生出怨气，使双方的交谈陷入冷场。

可如果拒绝“染上”幽默的色彩，那显然会更容易让人接受一些：一方面，这种拒绝的方式照顾了你的脸面；另一方面，这种幽默在反复咀嚼时，也真是令人忍俊不禁，你的苦闷情绪也能因此而得到些许的安慰。

可见，幽默就像“升温剂”一般，能够让双方的交流远离冷场，避免不必要的冲突。

有一位作家和他的妻子感情非常好，两人几乎没有吵过架，因此令众多朋友感到羡慕。当问及这位作家朋友夫妻的相处之道时，他给出了两个字——幽默。然后，他讲述了一件发生在他和妻子之间的事情：

有一段时间，为了创作一部小说，作家全身心地投入了查资料和创作的世界。虽然他每天都待在家里，但不是忙着看书，就是忙着写文章，一整天下来，和妻子说的话不超过十句。

日子久了之后，他妻子就不高兴了，看着他问：“你说，是你手里的书好看，还是我好看？”

一听这语气，作家就知道妻子不高兴了，于是嬉皮笑脸地回答说：“都好看，都好看。”

妻子瞥了他一眼，抱怨道：“可我却觉得，你对书比对我好太多了，你不觉得吗？”

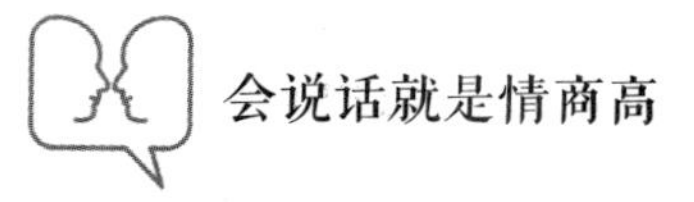

作家笑道："为什么这么说啊？"

妻子回答："你看看这书，每天都被你捧在手里，我还不如变成一本书算了。"

作家皱了皱眉，故作苦恼地说道："别啊，你还是不要变成书了。毕竟，不管多好看的书，我看完了就得换本新的看——你，我可不会换。"

妻子"扑哧"地笑了出来，说道："得了，我还是变成本字典好了。"

听到这话，夫妻俩看了看对方，都哈哈大笑起来，一场一触即发的战争就这样平息了。

很多争吵最初其实都不是太大的矛盾，往往是话赶话造成的结果。不管是这位作家，还是他可爱的妻子，显然都非常聪明——懂得用幽默来化解彼此心中的不快。

试想一下，如果这位作家的妻子一开始就以一种指责的态度来发泄心中的不满；或者说，在听到妻子的抱怨之后，这位作家不耐烦地斥责妻子不理解他的工作。那么，最后结果会如何呢？恐怕一场争吵是避免不了的了。

语言这东西啊，会暖人，也会伤人。

和幽默的人聊天是一种享受。无数会说话的大师，也都一再地向人们强调过幽默的重要性。

但是，很多人对幽默的理解都存在一些偏差，以为会说一些俏皮话、会讲几个段子，那就叫幽默。于是，很多试图掌握说话之道、培养幽默细胞的人，将诸如《笑话大全》一类的书籍奉为《圣经》，并在嘴上挂满了不明所以的网络流行语。

确实，笑话能让人发笑，某些俏皮的网络流行语也能让人忍俊不禁，但这些素材距离幽默其实是非常遥远的——它们就好像是放置在厨房里的配料一样，可以当作幽默这道菜的配料来添加，但想要真正将这道菜做好，仅仅拥有配料是远远不够的。

看看世界级幽默大师卓别林，无须说话就能让你发笑；再看看著名喜剧演员金凯瑞，何曾在嘴上挂过俏皮的网络流行语?

真正的幽默，是一种以高雅为依托的智慧，讲究场合、注重对象。它不是简简单单的笑话，也不是有着完整结构和曲折情节的小说、故事，而是一种仅仅在三言两语中就能体现的睿智，需要你用心去琢磨、用知识去支撑、用内涵去做它的主心骨。

幽默的谈吐是聪明才智的标志，它需要具备较高的文学素养和语言驾驭能力。你只有掌握了丰富的知识，学会灵活多样的语言表达方式，才能在社交场合中得心应“口”，以丰富生动的语言赢得听众的喜爱。

如果你还在为经常出现的冷场而苦恼，那么，不妨学会用幽默对抗冷场。当你深入其中时就会发现，既有幽默，何惧冷场。

需要注意的是，幽默也需因人而异。

每个人的性格、经历、学识、思维都有所不同，因此，每个人的笑点也都不尽相同。比如，你的谈话对象如果是个文化界的老学究，你用时髦的网络流行语来调节气氛，只会让对方一头雾水；你的谈话对象如果是个时尚小青年，你用“文艺梗”来彰显幽默，无异于对牛弹琴。

因此，面对什么样的人，就要懂得运用什么样的幽默方式——只有你懂，他也懂，才能将幽默的效用发挥到位。

虽然说了幽默的许多好处，但幽默的功能也并非用得越多，效果就越好。再好吃的菜，也要懂得适可而止——意犹未尽，才能让人产生期待，流连忘返。

幽默是交谈的点缀，既能锦上添花，也可雪中送炭。但无论何时，你都应该记住，幽默不是交谈的目的，而是沟通的手段。

能使人不停发笑的是成功的小丑，而非优秀的伙伴——切莫本末倒置，让交谈反而成了一场作秀。

5. 几种应对冷场的小方法

尽管大家很不情愿，但冷场现象还是会时有发生。

这不难理解：面对陌生的环境以及陌生的沟通对象，谁又能在第一时间顺利地了解他们的喜好呢？

所以，在交流过程中，如果你看到以下情形，请不要着急：眼神飘忽，时不时望向窗外的景色，或看路过的美女、帅哥；或不断重复做些小动作，如扳手指、敲桌子等。还有些听你说话的人，如果条件允许，会去看电视、玩手机，只用“嗯”“啊”“对”等词来应付。

如果是这样，那么毫无疑问，冷场出现了。每个人都不愿意说话时遭遇冷场——突如其来的冷场，除了会让你感到不受重视外，还会让谈判破裂，人际关系僵化。

我在前面说过，冷场出现的主要因素在于说话的人，也就是你自己。所以，当冷场真的出现时，也应该由你去想办法来解决。

可应该怎样解决冷场问题呢？在这里，我给大家总结了一些小窍门：

一、制造悬念，吸引对方注意

很多时候，别人对你的讲话不感兴趣，可能真的是因为讲话内容太过于平淡。这个时候，不妨抛下一个饵，用悬念钓起他人的兴趣。

有次，普列汉诺夫在日内瓦演讲时，由于演讲很枯燥，所以大家都昏昏欲睡，几乎没有认真听讲的人。冷场了，普列汉诺夫是怎么应对的呢？

这时，只见普列汉诺夫双手交叉在胸前，围着会场走了一圈。听众很好奇，于是便抬头望向普列汉诺夫，不知他在做什么。

普列汉诺夫说："要是我们也想用这种武器和你们斗争的话，我们来时就会……"普列汉诺夫停了下来，听众以为是带些刀斧、枪支炮弹，然而普列汉诺夫却说："我们来时就会带些冷若冰霜的美女。"

这话一出，听众哄然大笑，睡意也没了。普列汉诺夫见冷场已经解决了，于是再把话题转到演讲正题上。

每个人都有好奇心，用大家的好奇心赶走冷场，无疑是很有效的一种方法。但是，在制造悬念引起大家兴趣的时候，你一定要找到合适的突破口。

试想一下，如果普列汉诺夫双手交叉在胸前，围着会场走了一圈，最后却没有那个精彩的转折，结果又会怎样呢？很显然，那会让听众十分失望，冷场将会继续。

二、欲擒故纵，让对方自己走进来

如果正当冷场时，你可以假装随意地问对方：“你是哪里人呢？”这是诱饵。

对方回答：“河北人。”对方已经上钩。

你再问：“河北人，我有个朋友也是河北人，为什么你们的差别很大呢？”对方肯定会问：“我们之间有什么差别？”你说：“我朋友很喜欢听我讲话，为什么跟你沟通却有些困难呢？”

敞开大门，通过一系列迂回的方法，让对方一步步走到话题中来，也是赶走冷场的绝妙方法。但要注意的是，千万别让对方把自己带走了。

比如，你说：“我朋友很喜欢听我讲话，为什么跟你沟通却有些困难呢？”对方说：“可能我喜欢的风格和你朋友不同吧？”再问下去，他会告诉你，不同在哪里。

如果是这样，那么你就被对方带走了。记得，欲擒故纵，一定要让对方走进自己的聊天场中——你在讲，他在听，这个关系不能颠倒。

三、适度沉默，引起对方的注意

当你发现对方不再听你谈话时，你可以适度沉默一下，而对方就会感到非常奇怪——你看着对方，不说话，对方会感到很有压力，于是会问："你怎么不讲了呢？"

你说："没什么。"然后再沉默。

这时对方肯定不会相信你说的话，他会再问："有事可以跟我说下，说不定我可以帮你呢！"

然后，你再说出你想问的问题。

"山不在高，有仙则名。水不在深，有龙则灵。"这是古人对山水最高境界的描述。在与他人的沟通过程中，也应该提高境界，比如话不在多，沉默是金。适当的沉默，不仅能给他人留下反问的时间，也能给自己留下思考的时间。

在演讲中，这个方法同样有效。在学校时，很多人应该都经历过类似这样的情形：课堂上，你正走神呢，老师忽然不再喋喋不休，你便会从神游中惊醒过来。

当别人习惯了你的讲话环境，不妨适度地沉默一下，让不适带着大家走出冷场。

四、重要信息，着重处理

在社交场合里，你可以用疑问的方式，复述对方话语中的关键词。

俗话说，事实胜于雄辩。那么，怎样才能做到雄辩呢？其中，最关键的一点就是找准关键词。

信息泛滥，搜索为王，我们都亟须寻找重要信息，而重要信息就是靠关键词联系起来的。当被问者滔滔不绝地说话时，如果你不能抓住他话里的关键词，那么，你无论如何都不能做到雄辩。

比如，客户在介绍自家孩子："我家那孩子真聪明，九九乘法口诀，用短短三分钟就记下来了。"

这时，你就要抓住客户说的关键词："孩子""聪明""九九乘法口诀""三分钟"。抓住这些关键词，就可以用疑问方式进行复述，如"孩子这么小就能背九九乘法口诀了？""只用了三分钟？"

这时，客户就会觉着你是认真听他讲了，因而会更加热情地进一步解释："是的，我当初背熟九九乘法口诀好像用了至少半天的时间。"

五、攀亲结故，拉近彼此间的距离

通常情况下，在任何两个陌生人之间，如果仔细进行一番调查，总能够找出一些或明或隐、或近或远的亲友关系。

这样，你在与对方见面前如果能花些工夫，与对方拉上某种关系，就能够缩短双方的心理距离，使对方感到亲切。这样，冷场的可能性就会大大降低。

三国时期，吴国的鲁肃就是一位攀亲认友的能手。他与诸葛亮第一次见面时，就这样说："我是你哥哥诸葛瑾的好朋友。"他这一句话，一下子就拉近了自己与诸葛亮的心理距离，最终促使了孙权与刘备两人的联盟。

那些精明的社交达人，大都很善于利用这种方式。美国的里根总统在访华时也曾经用过这种方式，并且起到了极好的社交效果。

当时，里根受邀访问上海复旦大学。在一间偌大的教室内，里根看着台下一百多位初次见面的复旦学生，他是这样开场的："其实，我和复旦大学有着较为密切的关系。你们的谢希德校长同我的夫人南希，都是美国史密斯学院的校友。由此看来，我和各位自然也算得上是朋友了！"

里根话音刚一落地，全场便响起了雷鸣般的掌声。短短的几句话，不仅消除了国与国之间的种种隔阂，还增进了彼此间的友好关系。

所以，在日常交际中，你可以好好利用这种"攀亲认友"的方式，有意识地拉近与对方的距离，以使彼此间的交流能更好地进行下去。

六、多备话题，丰富你的谈资库

很显然，在任何社交场合中，丰富的谈资都是无可争议的制胜诀窍。有时候，多准备几个话题，在冷场时就可以随机切换，转到对方感兴趣的频道。

可以在冷场时"救急"的常见话题有：对方的兴趣、爱好、专业、成就等；对方的家人、朋友、亲人等，要是有双方都熟悉的人就更好了；谈论本地的一些风情、特产之类的；再谈与对方有关的事情，如对方的健康等。总之，话题应该是双方共同关心的。

在社交场合中，要注意查看对方对话题的反应，当对方不快或者窘迫时，那就要及时更换话题。比如，某人做生意被朋友骗了，那就千万不要谈论“好朋友”这个话题。

其实，解决冷场出现的方法还有很多，比如用幽默打造氛围，以激情引起共鸣等。

还是那句话，虽然谁都不想遇到冷场，但当冷场突然到来时，也不要心存畏惧。事实上，从来没有无法化解的冷场，只要善于运用各种技巧，同时还懂得关心人、热情洋溢，那么，冷场将会从冬走向春。

第六章

教训：多数谈判技巧是有毒的鸡汤

看一万本有关谈判的书，也不可能成为一个谈判高手。为什么？因为书里教给你的只是套路，而谈判这件事，本身就充满了变数和不确定性。所以，想要以不变应万变，那是不可能的。

想要成为真正的谈判高手，不如少些套路，在内容上多做些准备——在这个现实的社会中，内容为王永远不会错。

1. “闲篇”不闲

如果我说 50% 以上的谈判之所以成功，不在于谈判桌上谈了什么，而在于谈判桌下聊了什么，你可能会觉得，我过分夸大了谈资的作用，但是，如果你真正经历过足够多的谈判实践，那么，我相信你会对我的话有所体会。

事实上，在大部分谈判中，所谓的“实际利益博弈”，并没有那么夸张。

在决定谈判以前，双方对于自己想要得到什么、能够付出什么，对方能不能满足我的需求、我能不能答应对方提出的条件，都已经心里有数了。而他们之所以还是坐到了谈判桌前，就是希望通过交流来判断，对方是不是自己想要的那种合作伙伴类型，对方的性格是否能与自己融洽共处。

所以，我总说，很多时候，谈判其实就好像谈恋爱。

两个人既然已经决定交往了，姑娘肯定明白，小伙子的经济实力大体是什么情况——有房没房，有车没车，工作稳定不稳定；而小伙子对于姑娘的外貌、气质肯定也是认可的……

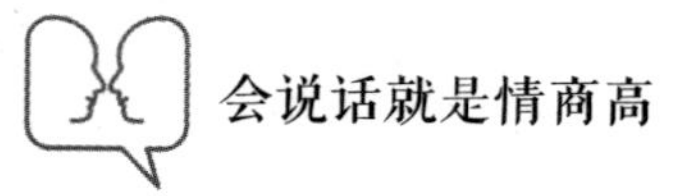

但他们之所以不马上结婚，还要在漫长的恋爱过程中不断地交往、磨合，其实，主要是想打探对方和自己是不是合拍，两个人是不是三观不一致，性格是不是有冲突等。

所以说，谈判的双方就如同恋爱中的男女，他们对于对方的条件已经认可了，这才会坐到一起。而谈判的过程，就是从恋爱到结婚的这个过程，理性的因素其实并没想象中那么重要，感觉才最重要。

对于谈判双方来讲，感觉从哪里来？从谈资里来！

随着我的阅历不断增长，见过的世面越来越多，我得出了一个结论，就是越是成功的人，越“务虚”，越喜欢聊点在一般人看来没用的东西。

小 K 在某物资公司的营销部门干了两年，这天，他被领导派去跟一个农贸市场的董事长洽谈合作业务。那个农贸市场的交易额在当地算是第一，在全国也排得上号，掌管这个市场的董事长算是个成功人士。

为了洽谈成功，小 K 做足了准备，但即便如此，内心也有些惴惴不安——因为，对方毕竟是行业大拿，不管你准备得多充分，在对方看来也可能是小儿科。

见面地点是在农贸市场董事长的办公室，很大，特气派。交流开始后，小 K 首先向对方介绍了自己的单位情况、业务范围、针对市场改进制订的初步方案。

董事长就坐那里听，偶尔不痛不痒地提个问题，谈一谈自己的看法。最多二十分钟，小K之前准备的资料都一股脑儿地讲完了。那时他心里很慌，不知道对方是否听明白了，如果讲完之后对方不置可否，他再该说点什么呢？

人一急就容易慌，一慌就容易口干舌燥。

董事长很善解人意，说：“说了这么多，咱们先喝点茶，再接着聊。”说着，亲自泡了一壶茶，递给小K一杯，“不是什么好茶，你将就着喝。”

要是按照世面上大部分谈判书里说的那样，小K这时候应该说些“您的茶肯定是很有品位的，我得好好尝尝”之类的客气话。可是，他当时有些慌，就随口说道：“茶无好坏，喝着顺口就是好茶。”

人家说“不是好茶”，其实也就是客气客气，但小K这句话，岂不是点明了说人家的茶不是好茶？所以，话一出口，他就感觉很不妥。

没想到董事长却说：“嗯，这茶倒也真的不贵，就是我以前总喝，现在习惯了而已。”

小K顺着对方的话头说：“古人有句话说，茶这东西是‘在高堂雅舍，也在乡野茅庐，在禅也在道’，这可能就是茶道的真谛吧。”

董事长一副蛮高兴的样子，问："你也懂茶？"

小K说："谈不上懂，就是最近这几年因为工作关系总接触这方面的人，也参加了几次茶博会什么的，道听途说了一点点关于茶的事情。"

然后，他们顺着这个话题越聊越远，从茶叶聊到佛教，从《茶经》聊到佛经。小K之前的紧张情绪也一扫而空，聊到不懂处，向董事长请教一番，然后再把话题扯到自己还比较了解的那些领域里。

就这样，他们谈了整整一个下午。

时间不早了，该走了，小K心想："聊得不错，就是正事谈得太少，可能今天这趟算白来了。"

董事长送他的时候说："合作的事情，你跟你们领导说，改天我上门和他细谈。"

几天之后，董事长上门来与领导洽谈合作事项，小K在作陪。他一见面就对小K的领导说："你们单位人才济济，我那天和小K相谈甚欢——从茶道聊到佛教，谈了一下午。"

那领导本身也经常研究佛教，现在一听说聊到了佛教，兴趣来了，和董事长就这个话题进行了一番交流。到最后，聊到合作的事情，双方的对话没有十分钟便敲定了。

这就成了？当时小K真不懂。

事后，小K跟部门经理说："公司那个项目，我去跟对方董事长拉了一下午闲篇，然后，董事长再来和咱们领导拉一下午闲篇，合作就成了，这也太奇怪了吧？”

经理经验老到，对他的话嗤之以鼻，说：“你真以为事情这么简单？告诉你吧，就这几天，领导让人准备的对方企业的材料快堆到一米高了，策划部那帮人天天加班干啥呢？不就是看材料，做方案吗?

“对方也肯定不知道下了多少功夫。之所以双方的领导要凑到一起聊一聊，是因为明面上的了解已经够多了，就是要私底下看看对方的人性、境界。闲篇可不闲啊！”

“闲篇不闲”，这句话对小K的启发很大。他从此知道，谈资这个东西在谈判和交流中起的作用太关键了——你可能已经做好了十足的准备、百般的应对，最后也很可能因为一言不合白费工夫。

人，尤其是我们中国人，不可能是“纯理性生物”——利益再契合、合作前景再广阔，也可能是因为彼此道不同而不相为谋，就如同许多与恋爱有关的对话：

“那男的条件挺不错的，你咋就看不上人家呢？”

“嗨，就是聊不到一块儿去呗！”

这绝对是个难以辩驳的理由。

有读者可能会说：“一个人的知识和阅历终归是有限的，

不可能别人聊什么，我就随着人家聊什么，我不懂的地方太多了呀！”

好，又到了讲方法的时候了——现在要讲的就是如何总能和别人聊到一块儿?

先说答案：一是要有针对性地做功课；二是要把话题往自己擅长的领域里引。

现在，年轻人聊得比较多的可能是汽车，如果你恰恰不懂车，怎么办?

首先要做功课。这个功课不是说你要从品牌，到外观、性能、机械原理，再到汽车文化，全部都去学习——一个仅仅需要谈资的人，不需要花这么大的时间成本去学习汽车知识。

比如说，你上网打开“汽车之家”，搜索一下要了解的车型，大体看一看，然后对其中的几个点加强一下记忆就可以了——拿出一点点时间来，丰富一下自己的知识面，相信你还是有动力、能接受的。

然后，一帮人坐到一起的时候，对于普通人来讲，也就是聊那么几个话题：热门车型，什么沃尔沃、昂克赛拉、长安CS75；什么平台引进，宣告收购；自己开什么车，感觉这个车有什么问题，哪点好、哪点不好。

你不懂得这些专业，就作为一个倾听者好了，但是如果恰巧有朋友问：“大家知道吗，大众汽车最近在网上被黑得够呛，都说它的发动机技术太落后。”

这时候你没必要摇摇头说：“发动机啥的，我一点不懂。”而是可以把话题稍微转移一下，把知道的历史点说出来：“大众汽车作为德国车来讲，其实是属于比较‘街’的那类。当年第二次世界大战时期，德国政府制订了个‘一家一辆车’的计划，这个计划就是大众汽车厂执行的……”

话题转移到你比较了解的领域之后，掌控起来就容易多了，你的谈资也显得非常丰富。

最后要说的是，转移话题这种方法，应该在话头已经到了你这里的时候，你再使用。如果话头还没到你这里，别人就某一话题聊得正开心，此时千万别随便转移话题，那样会显得自己太爱出风头，太聒噪了。

2. 难以复制的谈判技巧

在社交生活中，每个人都需要经常去谈判。

比如找工作时，终于得到了期待已久的工作，但待遇比期望的要低，你应该接受吗？逛街购物时，如果店家的标价在预期之外，你会去杀价吗？做销售时，遇到一个有购买需求却犹豫不定的客户，你愿意去说服他吗？

你肯定会去努力，因为一旦通过努力达到预期目标，你将实现收益的最大化。而你努力的途径和方法，就是谈判。

正因为谈判如此重要，所以很多人认为，如果能够遵循一套简明扼要、经验丰富、目的明确的谈判技巧，那么，谈判成功的概率将会大大增加。

于是乎，书籍里、网络里，五花八门的谈判技巧铺天盖地地出现了——它们无一例外地告诉你：谈判技巧将教会你如何在谈判中取胜，更教会你如何在谈判结束后让对手感觉到是他赢得了谈判而非吃亏。

总而言之，谈判技巧将使你轻松地赢得谈判成功。

我不否认，正确的谈判技巧确实能够促进谈判成功——这如同在海上航行，如果有准确的航海图，当然能少走弯路，及时规避风险。

而且，很多谈判技巧是成功者的经验之谈：他们通过揣摩一些谈判案例，从思考、准备、执行谈判等各个环节上找出最佳策略、方法，从而打开谈判成功之门。

这样的谈判技巧，当然能够促进谈判成功。

但是，我还要说的是，大多数谈判技巧都是“有毒的鸡汤”。

我有一个朋友小 M，他在一家汽车 4S 店工作了三年，工资从未涨过。眼看着物价不断上涨，而自己的收入却依然稳定，他备受煎熬，打算找老板谈判。

为了增加胜算的把握，谈判之前，他专门请教了另外几个朋友，大家一致认为谈判语气要强硬，抱着谈不拢就走人的决心，一定可以让老板就范。

这不是无的放矢，前段时间，小 M 的同事小赵就是这么跟老板谈判的，结果老板给涨了工资。这天下班后，小 M 气呼呼地来到老板的办公室——当然这是他的策略。

老板正在审阅财务报表，抬头看了一眼，招呼他坐下，然后说："小 M，你的脸色看来可不好啊！"

小 M 愤愤道："当然不好了！猪肉一直在涨价，果蔬也在涨价，你知道吗？"

老板放下手中的工作，坐到他对面，说："我知道了，看来你是嫌薪水低。"

"老板，我有整整三年的工作经验，为什么现在的工资还是原样？为什么小赵仅工作了一年，现在的工资却是我的两倍？"

老板慢条斯理地说："虽然你有三年的工作经验，但这三年来，你只有一种经验，那就是顾客来的时候说'欢迎光临'，顾客走的时候说'欢迎再来'。"

“那我能说什么？我说‘你别再来了’，行吗？我在大学上营销课的时候，老师就是这样教的。”

“那你知道，小赵是怎么做的吗？你们是同学，但他可比你灵活多了：顾客来的时候，他总是笑容满面。”

小M不服气地说：“那有什么，我也是笑容满面，而且是露出八颗牙齿微笑的。你看我这腮帮子，工作三年都挤出皱纹来了。”

“可是小赵笑得比你灿烂！”老板说，“他笑的时候，不是只露出八颗牙——顾客进来的时候，他会笑着说：‘这位顾客好模样，天庭饱满，地阁方圆，一表富贵。’顾客走的时候，他又会笑着说：‘顾客慢走，看您满面红光，一定会好事多多，财源广进。’”

小M不屑地说：“他就会拍马屁！我们上大学时，他见了谁都是这两句，像个算卦的江湖骗子。”

老板说：“可是你想过没有，他的这些废话，客户很愿意听。而你，却从来没有说过这样类似的恭维话。”

“我说老板呀！”小M语气有些强硬，“我说这恭维话做什么？卖车就卖车，不用扯那么远吧！有什么关系呢？”

老板说：“当然有关系！顾客喜欢，车才更容易卖出去。还有，前几天有位小姐来看车，他满面春风地说：‘啊，小姐，你真漂亮，我猜你的星座一定是射手座。’当时，那位小姐就笑了起来……”

“哼！”小K有些不屑地说，“他上大学的时候，就是靠花言巧语来讨女孩子喜欢的。”

老板接着说：“你听我把话说完！那位小姐说：‘你猜错了，我是白羊座。’小赵接着说：‘白羊座的女性热情大方，非常友善。小姐，如果能够告诉我你的生日，那么，到你生日那天，你会收到我们公司赠送的一份神秘礼物。’

“女人一般都喜欢神秘，她们会乖乖地告诉你她的生日和电话。于是，他就又拥有了一位潜在客户。如果有一位潜在客户买了汽车，提成那么高，赠送一份神秘的小礼物并不困难吧？”

老板接着说：“很明显，小赵销售成绩好，跟他这种性格有关。而你呢？只会露出八颗牙齿，而且三年如一日，从未变过。小赵的销售成绩在咱们公司是第一名，所以他来找我谈工资的时候，我没有丝毫犹豫就答应了，甚至还怕他嫌钱少而跳槽。不过对于你，我从来没有这种担心。你觉得呢？”

小M哑口无言，只得走出老板办公室。

小M跟我说起这件事的时候，我笑了。

这件事其实是一场谈判，或者是两个人的谈判经历：小M想要涨工资，因此去找老板谈判；老板想要维持现状，也在与小M谈判。谈判的结果很明显，老板赢了。

小 M 想要赢得谈判胜利，实现涨工资的愿望，所以，在谈判之初他做了一些准备工作，甚至学习了小赵的谈判技巧。

可是，为什么他像小赵一样跟老板谈判，反而被老板咄咄逼问，最终败下阵来呢？原因就在于，谈判技巧难以复制：小 M 和小赵是两个完全不同的个体，所以，小赵的谈判技巧于他根本就不合适。

谈判和下象棋一样，也有一套完整的规则，谈判技巧要服从这套规则，但却不能僵而不变。下象棋的时候，你也要根据对手的不同，采用不用的战略，这才是真正的取胜之道。

所以，你可以学习别人的谈判技巧，却不能服从既定的技巧，而要根据谈判对象的不同，找到适合自己的谈判方法。

3. 我为什么不再相信技巧

在金庸先生的武侠世界里，经常出现这样的故事：主人公被仇家追杀，东躲西藏，狼狈不堪，最后失足落入某个神秘之处，意外获得一本武功秘籍，练成绝世武功后，终于一雪前耻，打败仇家。

在这样的故事中，“武功秘籍”是事件发生转折的关键点，它能赋予获得者超越常人的技能，使其以此战胜对手。

在社交世界里，大家都渴望成为社交高手，可以在聚会、谈判、演讲中获得更大成功。于是乎，很多人都会萌生这样一种想法：要是能有一本“社交秘籍”就好了，那样，学成后可以在社交场合里纵横驰骋，所向无敌。

事实上，近几年来，市面上确实出现了各种“社交秘籍”——关于口才与交际、谈判技巧等书籍，数不胜数，让每一个想纵横交际场的人，似乎都找到了蜕变的突破点。

然则，这样的社交秘籍真的有用吗？很难说！

我有一位朋友张晨，前阵子在和公司另一位同事角逐升职机会时败下阵来，事后，他向我讲述了当时的情况。

上个月，张晨和同事李芳接到公司的通知，说公司将会有一个部门经理职位空缺，张晨和李芳都是候选人，而最终决定获得这个职位的一个重要考核依据就是：公司将会同时派他们二人前去与一位大客户进行接洽，看谁做出的方案能获得客户的认可，率先与客户签下合同。

张晨是个非常能说会道的人，平时最喜欢研究的就是诸如社交技巧、谈判策略等之类的“话术”。加之客户是名男性，张晨一度认为自己已经胜券在握，毕竟怎样才能玩得舒心、喝得高兴，那都是男人之间才能明白的，哪容得李芳这个小姑娘插手。

起初，事情进行得非常顺利，从机场接到客户之后，张晨就开始鞍前马后地围着客户转悠，把客户哄得笑逐颜开，根本没有李芳能插手的空间。

后来的几天里，不管是去公司参观，还是晚上到夜总会放松，基本上也都是张晨在陪着客户。可他怎么也没想到，看似毫无悬念的胜利果实，居然还是从他手里飞走了。

在公司与客户进行的最后一场会议上，这位客户的妻子突然提出，李芳的策划方案更有优势，愿意让李芳来全权负责他们公司的产品线。而客户虽然支持的是张晨，最后却表示尊重妻子的意见，选择了李芳。

后来，张晨通过一些小道消息才知道，原来这位客户的发家致富主要是靠了岳父的帮忙，而这次客户将会与公司进行合作的这款产品品牌，就是当初由他岳父所创立的。所以，这一次来和公司进行接洽，客户才会带着妻子一块儿来——也就是说，谈判结果的最终决定权，其实是掌握在客户妻子手中的。

而李芳呢，或许是运气好吧。她在发现自己完全没办法插入张晨与客户之间后，便转而去接待被张晨冷落在一边的客户妻子，结果获得了这场角逐的最终胜利，得到了这个宝贵的升职机会。

张晨的社交能力是毋庸置疑的，但他却犯下了一个致命的错误——没有看清谁是决策者。

在这场没有硝烟的战斗里，李芳或许是像张晨所说的那样，靠运气误打误撞赢了，但也有可能是做了功课，一开始就把目标锁定到了客户妻子的身上。

但不管怎样，结果是张晨使劲浑身解数，却攻打错了对象，最终把胜利的果实拱手相让。

所以说，在社交谈判中，技巧固然有用，但攻对方向——找到真正的决策者才是最重要的。无论你付出多少努力，如果这些努力不能投注在正确的地方，那么，是绝不可能带来你想要的结果的。

一个真正的社交高手，除了舌灿莲花的口才之外，还得具备随机应变的能力和敏锐的洞察力，懂得在与人交流的过程中把握对方心理上的变化，并随时能对自己的策略进行调整。

单纯的技巧，只不过是使用工具而已，而这项工具在不同的人手中，所能发挥的威力也是天差地别的，而这主要就取决于使用者本身了。

这就如同写文章，就算你看过再多的名家篇章，掌握再多的写作技巧，也不表示你就可以成为大作家。比起学习技巧来说，我们更要懂得融合技巧，将之化为已有。

社交更是如此。

人本来就是复杂多变的，与人相交，仅仅依靠死板的技巧不可能掌握他人的灵魂。我们必须多看、多思、多想，才能从自己的角度揣摩出一套真正属于自己的“社交秘籍”。

4. 多多未必“益善”

有人认为，与人沟通交流，最大的诀窍是要“多”——艺多不压身，价多不扎手。聊天时多和别人唠唠，终归是不会错的，至少有话可说，不会导致出现冷场。

这应该也算是一种沟通技巧吧！

真的是这样吗？在我看来，这种说法并不可靠。在社交场中，很多时候，多多未必“益善”。

与人交流，我常会有这样的感觉：有些人的话很多，却让人记不住，甚至让人反感；有些人的话很少，却掷地有声，给予人以力量。

相信大家也都会有这样的经历和感悟。为什么会这样呢？

道理其实很简单，你使用的是谈资，而谈资也有质量优劣之分。话多者，有量无质，废话连篇，再多，听众也不爱听；话少者，质量为王，句句是精华，既能说出关键之所在，也能让人耳根清净。

如果让你选，你喜欢和什么样的讲话者沟通呢？这显而易见！

我给大家讲个笑话：

“啰唆先生”出差在外数月，终于可以在下个月回家了，于是打电话给家中的妻子：“我将于下个月回家，不是1号就是2号，不是2号就是3号，不是3号就是4号，不是4号就是5号……不是28号就是29号，不是29号就是30号。为什么不说31号呢？因为下个月是小月……”

“啰唆先生”的妻子“话唠女士”接到电话，听完丈夫的唠叨后，回答道：“你说下月回家，不是1号就是2号，不是2号就是3号，不是3号就是4号，不是4号就是5号……不是28号就是29号，不是29号就是30号。为什么不说31号呢？因为下个月是小月（小产）……你要保重身体……”

虽然这只是一则笑话，但这种啰啰唆唆、拖泥带水、言语空泛的人，确实很令人生厌。如果是你，有人这样跟你聊天，你会有什么样的感觉？毫无疑问，你一定会抓狂。

沟通是什么？沟通是人与人之间的信息对接。在这个过程中，说者不需要长篇大论的演说，而是要言简意赅、字字珠玑，听者则静静聆听，吸收精华。这才是沟通的真正意义所在。

而一味求多的聊天，纯属于画蛇添足，除了多说一些废话外，还有什么意义呢？试想，如果你听演讲时遇到了“话唠先生”，能忍受废话的折磨听完演讲吗？我想，恐怕很难吧！

你要明白，在社交场中，会说话的人不一定是多说话的人，多说话的人不一定是会说话的人。

语言简明扼要，简中求简，这才是会说话的人。这类人说起话来，往往不是天花乱坠、连绵不绝，而是少言慎言，说的每个字都能做到掷地有声。

俗话说：“蛤蟆从晚叫到天亮，不会引人注意；公鸡只啼一声，人们就起身干活。”这就说明话贵在精，多说无益。

1903 年 12 月 17 日，美国发明家莱特兄弟驾驶飞机成功离开地面，实现了人类做了千年的飞行梦想。莱特兄弟顿时誉满全球，并且受到英国王室的邀请，参加了高贵而奢华的宴会。

宴会上，贵族们都希望莱特兄弟能为大家讲一讲成功的心得。不善言辞的兄弟二人推辞不过，最终，大莱特走上前台，只说了一句话：“据我所知，鸟类中最会说话的是鹦鹉，而鹦鹉是永远飞不高的。”

一言闭，台下掌声如雷。

其实，莱特兄弟完全可以乘机大抒而特抒他们在发明飞机的过程中遭遇到的困难，但他们没有这么做，而是用一句非凡的话，高度概括了发明飞机的艰辛和埋头苦干的精神。

1948 年，牛津大学举办“成功秘诀”讲座，邀请丘吉尔来演讲。

这是轰动性的新闻，几个月前，各大媒体就开始炒作了，各界人士也翘首关注。牛津大学还设立了演讲日倒计时，可见，人们的心情有多么激动。

演讲日终于到来了，会场上人山人海，没有立锥之地，仅全世界各大新闻系统的记者就来了几百人。人们准备洗耳恭听这位出色的政治家、外交家的成功秘诀。

站在讲台上，丘吉尔用手势止住了如雷的掌声，缓缓说道：“我的成功秘诀只有三个：第一，决不放弃；第二，决不、决不放弃；第三，决不、决不、决不放弃！我的演讲结束了，谢谢！”说完，他走下了讲台。

台下沉默了足有一分钟，忽然，雷鸣般的掌声响了起来，经久不息。

这就是人们想要的答案：做任何事情，只要不放弃，终会有成功的那一天。如此道理，何须长篇累牍呢！

高尔基说：“如果一个人说起话来长篇大论，这就说明他也不甚明了自己在说什么。”如果连自己都不明白自己在说什么，那又如何能打动听众呢?

说话如打铁，反复敲打自己的语言，取其精华、去其糟粕，最后方可锻造出真正的利器——浓缩的语言，往往具有震撼人心的智慧，能让听者的内心激起层层涟漪；浓缩的语言，才是真正的社交技巧。

如果我们一定要学会社交技巧，不妨从锻造自己的语言开始。

当然，在社交场中，你可能也见到过很多讲话可以高谈阔论、滔滔不绝的人。虽然，这些人的话很多，却也能赢得满堂彩。这又是为什么?

你一定要注意，啰唆和丰富是两个不同的概念。有些人的话很多，是啰唆；而有些人的话很多，确实是有很多可讲的东西。比如，一大盆猪肉炖粉条和一桌子面条，可能在量上相等，但在质上却是两个概念。

所以，我给大家提个醒，在给谈资瘦身的同时，也要继续学习，让自己可以浓缩的点变得更多。如此，在社交场中才能无往而不利。

说话啰唆，简单的事情烦琐地说，不仅会占用听者宝贵的时间，还会使听者觉得你不尊重他。同时，说话啰唆的人，一定是条理不清晰，语言前后搭配不当，才会来回重复的。

你是这样的人吗？如果是，请从现在开始学着改变吧。

多多未必“益善”，这不是技巧，而是毒药。

5. 真正的谈判技巧

既然多数谈判技巧是“有毒的鸡汤”，那是否说明，你将很难依靠技巧赢得谈判的胜利？

也不尽然。在社交场里，谈判技巧还是存在的，如果可以发现并运用真正的谈判技巧，那么，谈判获胜将变得容易。

那么，问题来了：什么才是真正的谈判技巧？

我认为，真正的谈判技巧不是既定的沟通套路，而是一系列教人提高沟通能力的社交理念。这正如金庸武侠小说里的独孤求败，以无招胜有招，重在意而不在形。

社交场中，不同的人有不同的观点，不同的组织有不同的纲领，不同的会议有不同的性质。因此，你要想在不同的环境中赢得谈判，就必须要做到八面玲珑、左右逢源，运用谈判的“意”调和许多想得到，或想不到的隔阂及矛盾。

这才是真正的谈判技巧。

想要掌撑真正的谈判技巧，你需要学会从以下三个方面去考虑:

一、学会换位思考，了解别人内心

你与别人沟通的目的，是想与双方就某项意愿达成共识。因此，在进行沟通之前，你需要与沟通对象进行换位思考。

为什么呢?这很简单，你不了解别人的内心，别人也不了解你的想法。如果是这样，那么，沟通便只能建立在维护自己想法的基础上——这样是无法达成共识的。

换言之，无论你的谈资多么丰富、谈吐多么风趣，也将无法引起对方的兴趣。只有换个角度，站在别人的立场上想问题，以别人的视角来看待问题，你才能发现一些潜在的细节——而这些细节将会影响我们的判断。

我的好朋友王薇，是一个事业心很强的人，她在城东开了一家酒吧，虽然地理位置稍差，规模跟一些中等以上的酒吧也无法相比，但生意却非常火爆。

这引起了附近一家餐厅老板的注意，他不明白，为什么这样一家不起眼的小酒吧会有这样红火的生意。于是，一有机会，他便跑到小酒吧里去观察，希望能发现一些另类的经营理念。

后来，他终于发现:每一位到酒吧里的客人，只要见过一次面，下次再来，王薇都能叫出他的名字。

王薇的经营诀窍是：凡是第一次来酒吧的顾客，她都会亲自递上一张别致的名片，再顺便登记顾客的姓名和联系方式，并告知对方，下次再来可以享受打折优惠。

正是凭借这个方式，王薇记住了每一个顾客的名字。不管顾客第二次是什么时间来——第五天，或者一个月后，只要顾客一进门，王薇都能亲切地叫出对方的名字，并热情地跟对方打招呼。

虽然这是一件小事，却让顾客感到自己很被重视，而这种重视在其他酒吧里是享受不到的。正因如此，大量回头客使酒吧生意变得异常火爆起来。

在一次朋友的聚会上，已和王薇成为朋友的餐厅老板，把这件事当作故事讲了出来，我们曾为此展开讨论。结果，大家一致认为，换位思考能带来神奇的社交效果：与别人交流时，多做换位思考，从不同角度找出对方的需求，交流将会很成功。

每个人都希望自己能被别人重视，通过换位思考，王薇准确地把握了顾客的心理，用“准确叫出名字”这个小技巧，赢得了顾客的青睐。

二、学会掌控气氛，让人精神放松

在社交场中，你要想让交流顺利进行，掌握沟通过程的气氛非常重要。在这一点上，很多人容易走进误区，认为掌控气氛就是要提高自己的热情，并以此换来听众的热情。

很显然，这种认识片面化了。

你要明白，掌控气氛不是单纯地靠提高自己的热情就能办到的，而是需要认真倾听、话语真诚、控制情绪、尊重、赞美等多方面的努力。但这还不够，除此之外，你还要根据不同人的性格特点，运用不同的方法，将气氛调节到人人都热情高涨的程度。这样，社交活动才能取得最好的效果。

我再讲一个故事：在一次美国银行学会芝加哥分会的专职理财导师培训会上，一个叫卡特的学员始终无法进入角色，即无法和所要交谈的对象沟通。他懊恼地对导师说："我已经将该记的都记住了，却没有人愿意听我讲这些，我不知道自己是否还适合这个职业。"

导师告诉他："在你的话语中，别人感受不到丝毫的热情，如此，你怎能奢望他人回报给你热情呢？"

卡特一脸茫然，导师给了他一个相对简单的题目，然后让他一个人在一边冷静一会儿，反复思考这个题目，直到他对题目产生热情。

同时，导师还要他牢记这样一个事实：纽约的"遗嘱公证法庭记录"显示，80% 的人去世后，不仅没能给亲人留下哪怕一美分，而其中 25% 的人竟然还给亲人留下了债务。所有的纽约人，只有不到 4% 的人留下了一万美元以上的财产。

然后，导师和其他学员进行别的项目训练去了，卡特在一边如同进行反省一样思考着问题。

很长一段时间过去了，其他学员都已结束训练回来了。卡特突然站起来，高兴地对导师说：“老师，我明白了，我所做的工作，不是去祈求他人的施舍，或者要求他人做他们根本做不到的事情——我是在替这些人着想，为他们的后半生打算，等他们年老之后可以过上衣食无忧、舒适安逸的生活，并且还可以为他们的亲人留下安全保障。”

导师微笑地看着卡特，只见卡特眼中闪烁着光芒，继续说：“我做的是一项了不起的事业，是在为整个社会服务，我必须把自己当作是打破传统观念的斗士。”

导师拍拍卡特的肩头，说：“从这一刻开始，你是一名合格的理财导师了。你的热情足以感染每一个人，我相信，人们都愿意按照你所说的去做。”

后来，卡特成功了，他的客户层次也越来越高——在很多人眼中，他就是成功理财的代名词，他们都甘愿被他那充满激情和信念的语言感染。

与人沟通时，你不能只做陈述事实的演讲者，而要找到一个可以调高听众情绪的点，并以此调高听众的情绪。

你必须懂得，听众的情绪是一把打开演讲的金钥匙。你只有将自己的情绪感染给对方，才能成为社交场中真正的掌控者。

三、把握对方的思维逻辑，找出正确的交流路径

沟通不是独角戏，一个人演得再精彩也没有用。因此，社交场中的你，注定要与一个人或多个人为伴。于是，你需要和对方产生心灵互动，才能顺利地完成沟通。

而产生心灵互动的前提是掌握对方的思维逻辑——通过和对方的言语交锋，逐渐找到对方最关注的逻辑支点，然后重新整理自己的思维，最终达到深入对方内心的目的，用自己的思维引导对方的思维。

真正的谈判技巧其实还有很多，比如，关键时刻说出关键话，通过微反应观察对方的内心等，这些都是谈判获胜的关键要素。

这些关键因素没有固定格式，将会因环境而异，因人而异。你要学会的是如何根据这些要素，灵活地打开每一场谈判的胜利之门。

第七章

最终的目的——让谈资落地

任何一场谈话都会有一定的目的性，或是为了解闷，或是为了获得对方的好感，或是为了促成某件事情……谈话不过是为了达到最终目的的一个过程，或者说是一种手段。

无论以什么为谈资，我们最终要做的都是按照既定目标，让谈资落地，以达到最终的期许。“谈”什么不重要，重要的是“谈成”了什么。

1.“高僧”的话为啥显得挺有道理

在不少小说或影视剧中，都会存在一个或几个较为特殊的角色。这些角色的出场次数可能很少，有的甚至如昙花一现，露了一面之后就再也没有戏份，但他们对整个故事情节的发展却有着至关重要的作用。

因为，这些角色总会出现在主角最迷茫、最痛苦的低谷时期，而他们就像一盏指路的明灯，在黑暗的夜晚闪烁光辉，能指引着主角向正确的方向前进。

这些角色的身份设置也多种多样，可能是主角的某个长辈，可能是偶然遇到的某个身份神秘的老者，甚至可能只是一个擦肩而过的路人。

而其中，最常担任这个角色的往往是某位“得道高僧”。这在武侠小说中体现得尤为突出。比如，《天龙八部》里神秘的扫地僧，《神雕侠侣》中慈悲的一灯大师，都曾直接或间接地影响过主角的命运。

哪怕是在现代都市小说或影视中，“高僧”同样占据着举足轻重的地位。当人们遭遇打击，或者看不清前路，失去人生方向的时候，常常会发起一些诸如“寻找自我”的举动——而大部分寻找自我的人，都会选择前往诸如寺庙之类的地方，去和高僧谈谈心、说说话。

在现实生活中，类似的事情不在少数。不少人，尤其是在人生遭遇波折或瓶颈的时候，通常都会选择修佛，或者去请教高僧，并在佛学、禅理中去寻求心灵的平静。这其实是很有意思的事情。

很多人生大道理，其实大家都知道，甚至张口就能随随便便说出几十条“心灵鸡汤”。道理无外乎也就这些，可为什么同样的道理，别人说出来可能会让你觉得是敷衍，“鸡汤文”大概会让你感到虚伪，而高僧讲出来就显得特别有意思呢？

先别急着反驳，我们具体来看几个例子：

近年来，有一位大师在网络上非常受年轻人的欢迎，很多人应该都听过他的名号，就是著名的延参法师。

这位大师特别有意思，有自己的微博账号，堪称“社交网络达人”。他和以往人们认知的高僧有着极大的不同：说话非常接地气，而且特别幽默，看似插科打诨，却又让人觉得特别有道理。

他说过这样一句话：“小徒弟问我，清明节里你烧纸，送给谁呢？我告诉他，我烧给我自己，我要亲眼看见，所有的妄想到头来不过一把灰。”

有意思吧？我也觉得挺有意思的，特别发人深省。但仔细想想，这话所说的道理其实也并不新鲜，无非就是告诉我们：人生一世，不管你拥有多少，失去多少，过得多好，活得多累，最终都是殊途同归，变成一抔黄土。

类似这个意思的句子，闭上眼睛，随随便便我们都能说出一些，比如文艺气息十足的版本：“纵你是盖世英雄，倾世红颜，到头来不过是黄土一抔。”

生活气息十足的版本：“人这一辈子，富贵荣华，生不带来，死不带走。”

《简·爱》版本：“……我们的精神是平等的。就如你我走过坟墓，平等地站在上帝面前。”

再比如，延参法师回答网友提问的一条微博，也特别令人印象深刻，他说：“有位网友提了一个问题，问什么样的脚步最摇摆？我很奇怪，这是一个什么样的问题呢，我只能尽力回答——人生路短长，奈何桥头的脚步最摇摆，其次就是饮酒过量的步伐最徘徊。”

很显然，这个提问无非就是调侃了某首歌的一句歌词，存在不少逗乐成分。但大师的回答却令人印象深刻：语言逗乐，内涵却丰富，能让人思考出很多东西。喝醉的人，醉的到底是身还是心？摇摆的脚步，摆的到底是步子，还是原则？

发现没有，大师说话从不会像教科书一样给你讲大道理，给你讲为人处世。大师讲的，乍一看都是生活里见得到的事情，比方说清明节烧纸、喝醉酒。大师也不会直接跟你说，从这件事情上能得出什么道理，从这个境遇里能悟出什么真谛。

至于你觉得有道理的部分，实际上，都是自己悟出来的，自己琢磨出来的。既然是你自己琢磨出来的，那当然就觉得特别正确，特别有道理了。

直接告诉你一个道理，就好比逼迫你吃一盘菜一样——把菜往你面前一放，告诉你，这道菜好吃，你吃就对了。这种感觉，就好像有人给你下命令一样，你的逆反心理立马就开始产生作用，哪怕你真的知道这道菜好吃，也会下意识地拒绝。

但是，如果不直接把菜端到你面前，而是侧面引导你，让你先看看那道菜，再闻闻味道，激发出你的食欲之后，不用把菜端过来，你自己就会去吃，还会吃得甘之如饴。

可见，话到七分，酒至微醺，这才是最令人舒坦的状态。

有一个年轻人去拜访一位高僧，他们之间发生了一场特别有意思的对话。

年轻人问那位高僧：“大师，我有个不太恭敬的问题想请教一下。”

高僧说："请讲。"

年轻人促狭地笑着说："你自己一个人的时候，在别人都不知道的情况下，你会不会偷偷吃肉啊？"

高僧没有直接回答，而是反问这个年轻人："你来这里，是自己开车来的吗？"

年轻人点点头："是啊。"

高僧又说道："开车的时候都要系安全带。我想请问你，你系安全带到底是为了自己，还是为了警察呢？在没有警察的时候，你会不会系安全带？"

年轻人的问题，其实很刁难，不管大师回答什么，他都未必会信服。而大师说话的巧妙之处就在于，他不正面回答这个问题，转而去问年轻人另一个看似毫不相干的问题，一步步引导年轻人找到答案。

而在揭晓答案的那一刻，年轻人才发现，原来自己得出的答案，正好解答了他用来刁难大师的问题。既然是自己寻到的答案，那必然是最好的、可信的。

要说服一个人，最高明的做法就是，用他自己的观点去说服他。世界级谈判专家阿尔·伦蒂尼就说过这样一句话："用对方的思维打败对方是最高明的沟通术，能掌握这种沟通方法的人，才是真正的心理操控大师。"

高僧说的话，之所以显得特别有道理，正是因为他们从不直接告诉你他们的所思所想，而是引导你，让你用自己的思维方式去寻找到那个他们想要传达给你的答案，在不知不觉中说服你。

2. 谈资的“虚”和“实”

与人交谈，不仅仅是社交上的需求，更是达到某种目的的手段和途径。

交谈和寒暄不同：在等公交车时遇到一个陌生人，你们可能会搭上几句话；在聚会上见到一个认识但不太熟的人，你们可能会相互问候几句，这些情况我们都称之为寒暄。

寒暄可以说是一种社交礼节，你只要具备一般的说话能力，都可以和别人寒暄。

交谈是比寒暄更具有目的性，也更需要技巧性的一种社交方式。我们愿意花时间、花精力和别人交谈，必然都是抱有某种目的：

可能是为了传递某些信息或知识；可能是为了引起他人的注意和兴趣；可能是为了拉近彼此的关系，获得对方的信任；

可能是为了激励或鼓动对方去做某件事情，坚定某些信念；也可能是为了说服或劝告对方，接受某些条件。

人都是有戒备心理的，尤其是在面对陌生人，感到对方在你身上有所图的时候。

比如，我们可以想象一下：当你走在路上，遇到一个认识的人时，他走过来和你说话，你会觉得这是一件很自然的事情，没有任何不妥之处。但是，假如你走在路上，突然被一个陌生人拦下，感觉就完全不同了——你会下意识地进入一种防备状态，整个肌体包括精神都会呈现明显的收缩状态。

很多人应该都有过这样的体会，偶遇一个很久不曾联系的朋友，通常是令人感到开心的。但是，如果某天一个很久不曾联系的朋友通过一些途径找到了你的电话号码，并且突然主动联系你时，这种感觉就很微妙了——相比起开心，更多的可能会是狐疑和防备。

事实证明，在现实生活中，这种情况下对方和你寒暄之后，下一句很可能是“我要结婚了”，或者“能不能借我点钱”。

而当戒备心理启动之后，不管面对任何问题，他人往往都会下意识地拒绝。

这也就是为什么当一个推销员站在你家门口时，通常你都不会让他进入你的家门，甚至不愿意抽出时间去看看他想要推销的是什么物品。毕竟，眼前的推销员不仅仅是陌生人，并且显然对你有所图，这让你自然而然地进入了戒备状态。

不幸的是，在每个人的大部分人际交往中，我们都不得不面对充满戒备的谈话对象。毕竟，我们与人交往确实是有所图的。而这其中，也不乏许多陌生人，所以一不小心，就可能触及对方的警铃，让谈话进入更加艰难的境地。

因此，当我们试图通过一场愉快的交谈，来达到某种目的时，我们首要考虑的，是如何消除谈话对象的戒备心理，将他们的注意力从敏感问题上转移开。

只有先获得对方的信任，让他们能够以接纳而非拒绝的状态和我们交流时，我们才可能进一步说服对方，达到谈话的目的。而要做到这一点，我们必须牢记一个原则：在取得对方信任之前，不要让对方察觉到你有所图。

我们看看下面这两个案例：

案例一：销售新人小关和客户的一次对话。

小关：李经理，您好，我是新世纪科技公司的小关，很荣幸能见到您。

客户：哦……有什么事吗？

小关：昨天下午我和您通过电话。

客户：哦，是那个销售电脑的公司吧？

小关：是的是的，李经理，我们公司新到一批电脑……

客户：是这样的，我们公司的这批电脑目前还能用，暂时还没有更换的打算。等打算采购新电脑的时候再和你联系，好吧？

小关：李经理，俗话说，磨刀不误砍柴工，这电脑就相当于是柴刀……

客户：我现在还有些事情，这样，我们下次再约时间吧。

小关完败，准备的一大堆关于论述更换新电脑有哪些好处的种种理由，一条也没来得及说，就被客户直接枪毙了。

案例二：公司的销售明星阿慧和客户的一次对话。

阿慧所拜访的客户，是一位退休老干部。

阿慧：王大爷，我是昨天下午和您通过电话的阿慧。

客户：哦，我记得你，是新世纪电脑公司的吧？

阿慧：是啊，大爷您记性真好。哟，您这是忙着哪？听说您已经退休了，怎么还那么忙呀？

客户：不忙，也就是看看新闻、读读报纸，多少年养成的习惯了，一天不读就不踏实，怕和社会脱节。

阿慧：瞧您说的，要讲这国家大事，可能现在好多年轻人都没您懂得多。您这读报的习惯真是特别好，改明儿我也向您学习学习，培养一下这样的好习惯。

客户：国家大事还是要了解一下的，你们年轻人才是国家未来的希望，这国事家事天下事，都得事事关心才行……哎，别傻站着啦姑娘，进来说，进来说。

阿慧：我觉得您说得特别对，我前两天刚在平板电脑上装了个读报软件，以后真得多看多学。

客户：平板电脑？是你昨天说的那个吗？可以带着出去看新闻、发邮件什么的那个？来，给我看看，是什么样子的……

阿慧完胜，顺利卖出一台平板电脑。

对比两个案例，我们发现，小关和阿慧在跟客户交谈时，最明显的区别就在于，小关一开始就暴露了自己跟客户谈话的目的，就是为了推销。

阿慧则不同，她在和客户交谈时，完全没有提及任何关于卖电脑的话题，而是“顾左右而言他”地和客户聊起了看新闻、读报纸，关心国家大事的种种好处。

之前说过，每一场绞尽脑汁的交谈，都是为了达到某个目的，阿慧同样如此。

在和客户交谈的过程中，阿慧看似是在和客户进行普通的闲聊，谈论的话题也似乎和卖电脑没有任何关系。但进一步分析，我们会发现，阿慧所做的种种铺垫、抛出的种种谈资，最终都一步步指向她所想要推销的商品——平板电脑。

作为一名退休人员，王大爷和其他老干部一样，喜欢读报，关心国家大事。阿慧以此作为切入点，迅速引起了客户与她进行交谈的兴趣。新闻可以通过报纸、杂志来读，也可以通过网络来读，利用这一点，阿慧成功将话题转移到读报软件上，继而推出了作为软件载体的平板电脑，成功激发了客户对产品的兴趣。

简单来说，在阿慧与客户的交谈中，她所准备的谈资，表面上看是投客户所好的“看新闻、读报纸”，但实际上，则是为引出所推销的产品做铺垫。前者是谈资的表象，而后者才是谈资的真正意义所在。

在建立任何一场谈话之前，我们都应该明确一点：谈资的一切表象，都是为最终的目的而服务的。

简单来说，就是在一场谈话中，你可以准备任何内容的话题去和对方建立交谈，但不管你准备的话题是什么，都必须紧扣这场谈话的目的。不管你选择走哪一条路，都必须牢牢记住，终点只有一个。

3. 交谈不是为了辩倒对方

网上有这么个段子：

在发生争吵时，男人的思路是：首先，找出问题的根源；其次，探讨解决问题的方案；然后，分析怎样做最合理，对大家都有好处；最后，动手解决问题。

而女人的思路，则自始至终只有一点：你说这话有没有想过我的感受！

当然，这个段子不免有夸张的成分，权且一笑罢了。但不得不说，我在培训公司工作时的同事老杨，他和老婆的争吵倒还真是和这一套路不谋而合。

老杨和老婆争吵的大部分缘由，其实都有些莫名其妙，比如，他们曾经因为云南菜究竟好不好吃而发生过争吵，还因为某个新闻事件中丈夫出轨究竟值不值得被原谅而发生过争吵。甚至有一次，他们一起看某电视剧时，还在探讨主角与配角之间的关系时发生过争吵。

事实上，这些争吵在升级之前，仅仅只是对于不同意见的辩论罢了。但每次，老杨的老婆都有强大的能力，能把他们辩论的话题一步步引到同一个“终极问题”上：你说这话有没有想过我的感受！

终于，在老杨又一次无奈地感叹和女人吵架果然是没有逻辑可言的时候，他老婆哀怨地问了一句：“你说你每次吵架，总是想辩倒我，你图个什么啊？吵赢我，看我哭，你很开心吗？”

老杨再一次领略了女人的不讲道理，但同时他也在思考一个问题：当他每一次绞尽脑汁地和老婆争执，试图在语言上战胜她，让她无话可说的时候，究竟是想得到什么呢？当他最终成为这场辩论的获胜者之后，究竟又得到了什么？

每个人或多或少都会有好胜心理，而这种好胜心理常常会让我们莫名地逞一时之勇，为争一些无谓的胜利而说出一些事后感到追悔莫及的话，甚至做出一些不理智的举动。

但当冷静下来之后，你会发现，这些行为不仅可笑，而且幼稚。

无谓的胜利背后，往往藏着更大的失败。就像老杨和老婆的辩论，结果如何，实际上并不会对他们的生活和婚姻产生任何影响，而老杨只需按捺住好胜的舌头，就能免除一场天翻地覆的争吵。

我们在和别人交谈的时候，难免会出现争锋相对，或意见相左的情况，这时候，有的人往往会因为好胜心作祟，而在话赶话的过程中与对方发生争执，甚至说出极其不礼貌或具有攻击性的话，以致造成难以挽回的尴尬局面。

但事实上，扪心自问，口头上的胜利真的有那么重要吗？你咄咄逼人，让对方哑口无言，能获得什么呢？别忘了，每一次交谈都是有目的的，而这个目的显然不会是为了辩倒对方，让对方折服在你刀剑般的唇舌之下的。

前些日子，同事安陵在家里的安排下去相亲。对方是一家银行的高管，条件非常不错，安陵心里还是比较满意的。

安陵的个性比较内敛，由于担心自己不善言辞会让气氛变得尴尬，于是，特意带了平时比较活泼的闺密燕子陪自己一起去相亲。燕子也是非常尽心尽力，在饭局中时不时开个玩笑调节气氛，在话语中也不忘不着痕迹地向男方讲述安陵的优点。

随着谈话气氛越来越轻松愉悦，燕子说话也不免随意起来。在男子聊到最近上映的电影时，燕子突然想起安陵的胆子比较小，以前还被恐怖片吓哭过的事情，大约觉得特别有趣，便开玩笑地说道："你要是约安陵去看电影，还选的是恐怖片的时候，可得多带点纸巾——"

男子一脸疑惑："为什么啊？又不是看悲剧。"

燕子大笑起来："以前上大学时我俩一个宿舍，有一次我们宿舍一姑娘大晚上关了灯看恐怖片，安陵回来刚一打开门，就见那屏幕上'哇'的一声跳出来一张鬼脸，吓得哭了一晚上……"

原本燕子说这件事也没什么恶意，一方面是觉得挺有趣，另一方面也是觉得安陵胆小这个特点并没有什么不好。但安陵自己却觉得这是非常丢脸的事情，听到燕子毫无顾忌地说起来，当即脸色就沉了下去。

燕子也非常聪明，一见安陵变了脸色就知道，她可能心里不太高兴自己对男方说这事，于是赶紧话锋一转，说道："恐怖电影这东西，虽然心理上知道是假的，但生理上就是不受控制。我男朋友前两天非逼着我跟他看一部什么国外的鬼片，给我吓得半宿没睡着，他自己倒是一倒头就呼呼大睡。后来我实在心理不平衡，硬是把他踹醒陪我说了一宿话。现在好了，他再也不敢逼我看那些吓人的影片了！”

男子笑了起来：“好多女人都怕这个，我姐姐也是。安陵，下次咱们可以去看喜剧电影嘛！”

话题转回正轨，顺利地继续下去了。

作为安陵的助手，燕子的任务只有一个，那就是撮合安陵和相亲对象。只要能达到这个目的，谈论什么话题，或者得出怎样的结论，其实都不重要——谈资不过是种点缀，真正重要的是这场谈话所能带来的效果。

因此，当燕子意识到安陵并不希望在男方面前谈论自己出糗的事情时，便立即聪明地将话题引到自己身上，而不是非得纠缠着安陵承认自己胆小。

在生活中，有这样一类人，他们学富五车，雄辩滔滔，不管什么话题都能口若悬河，侃侃而谈。但即使他们妙语连珠，舌灿莲花，也通常不怎么受人欢迎。

究其原因就在于，这一类人在与他人交谈时，从不注意语言的分寸，他们总喜欢把别人逼得哑口无言，非得在口舌上争得一时的胜利，仿佛这样才能彰显出他们的智慧和口才。

如果你发现自己也存在这样的情况，那么赶紧提高警惕，别为了无谓的胜利，而忘记自己发起谈话的最终目的。

在与他人交谈时，把握住几个原则，能够帮你约束语言的分寸，避免不必要的冲突。

原则一：尊重他人的意见

辩论是一场比赛，参加辩论的人目的是要用自己的论点去压倒别人，获得认可。但交谈不是一场辩论，交谈的目的也与语言的胜负无关。

交谈是一个双向互动的过程，在这个过程中，每个人都有权力发表自己的意见和看法，而在这些不同的意见与看法之间，也未必需要决出胜负或对错。如果你希望别人能尊重你的意见，那么同样，你也要懂得尊重对方的意见。

原则二：不要随意打断别人说话

在交谈的时候，最令人反感的行为就是随意去打断别人的发言，这是一种极不尊重人的体现。你可以不认同对方的观点和意见，但也得按捺住你激动的心，至少要等别人说完之后，你再开口去反驳。

打断别人发言，简直是谈话中最糟糕的情形了。

试想一下，如果那个被打断发言的人是你，你会有怎样的感觉？你一定会火冒三丈，对那个无礼的插话者不假辞色吧。请记住，“己所不欲，勿施于人”，这是最基本的教养。

原则三：绝不说侮辱性的话语

说话一定要有口德，你可以不同意别人的观点，与对方展开辩论，但绝对不能说任何侮辱性的话语。一个人笨嘴拙舌，尚且可以解释为不善言辞，但如果一个人口出污言，那恐怕就是修养和道德的问题了。

谁会愿意和一个缺乏修养、道德有损的人交往呢？正所谓“言如其人”，当你和别人建立交谈的时候，你的一言一行都是在表达自己、介绍自己。你说的每一句无心之言，听到别人耳朵里，都是你为人处世的一种体现。

4.“怎样谈”比“谈什么”更重要

在琢磨交谈的技巧时，很多人会错误地将重点放在“谈什么”上。但事实上，真正决定一场交谈是否成功的重点，并不在于你“谈什么”，而是“怎样谈”。

语言的最神奇之处就在于，同样的内容，用不同的方式表达出来后，就会带给他人天差地别的感受。比如这样两句话：

“拿杯咖啡过来。”

“我现在不方便，请帮我拿一杯咖啡好吗？谢谢。”

这两句话的内容，没有什么不同，都是表达了一个意愿：希望你能拿一杯咖啡给我。但听到这两句话，我们内心的感受却是完全不同的。

第一句话就像是一种命令，毫不客气，不管是谁听了，大概都会觉得不高兴。而第二句话显然就温和、有礼得多，用这种表述方式说话的人，通常都能给我们留下好印象。

除了表述的方式之外，你说话的语速，音调的高低，说话时的态度、表情，甚至肢体动作的不同，也都会让你的语言给予别人不同的感受。

在不同的情绪下，同一句话可以表达多个意思，比如，我们试着来说同一句话："你这人真讨厌！"

如果我们微笑着、语气轻快地说这句话，那么这句话显然就是一种撒娇的意味。

如果我们面无表情，甚至呈现出愤怒的样子，语言严肃或者尖锐地说这句话，那么说这句话的时候，很显然我们想表达的的确是"你这个人太讨厌了"。

如果我们流着眼泪、语气悲伤地说这句话，那么这句话所反映出的，更多的就会是一种失望的情绪，而非指责。

如果在流泪之中，又带着难以抑制的喜悦，那么，这句话可能表达的就是一种喜极而泣的激动，或者感动的情怀……

可见，在交谈的时候，谈话内容本身所传达的信息，其实

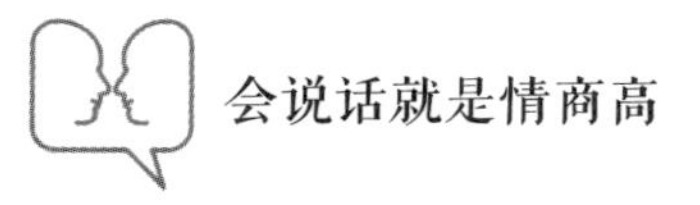

是非常有限的，我们在谈话中所接收到的大部分信息，实际上都来源于“怎样谈”。

人们在研究交谈过程中的信息传递情况之后，得出了一个结论：在交谈的过程中，人们最终所接收到的信息中，有55%的内容是根据说话者的行为举止来进行判断的；有38%的内容则是根据说话者的语气、语调以及音量等来判断的；只有7%的内容来自说话者所表述的词句或语句。

换言之，也就是说在一场谈话中，你的谈话对象在对你进行判断和打分时，有93%的印象分数是源于你“怎样谈”，而非与他“谈什么”。

这听上去似乎很不可思议，但的确是无可辩驳的事实。

我曾做过一个非常有趣的尝试。

有一段时间，我的一位朋友H因为和男朋友吵架，三天两头打电话找我抱怨、哭诉。而他们所争吵的事情，大多都是寻常情侣间会出现的口角，只是H过于敏感，故而要比寻常人更多愁善感。

有一次，H和往常一样，因为和男友吵架又给我打电话。那时候我正准备第二天的培训课件，于是我插着耳机，一边听她讲话，一边做着自己的事情。

我并不是一个擅长一心二用的人，实际上，当时我专注于我的工作，根本就没听进去多少她说话的内容，直至挂了电话，我也不知道这一次她究竟是为什么和男朋友吵架的。

但那通电话，我们依然聊得非常愉快，她并没有因为我的敷衍而生气，或者说，事实上，她并不知道我没有在认真听她说话。

我是怎么做到的呢？很简单，当她讲述整个事件的经过，他们从什么事情开始争吵，具体怎样吵，吵到后来怎么样了的时候，我会时不时地用沉重的声音回应几声，比如“嗯，原来是这样”“啊，怎么会这样”“嗯，那后来呢”“这个……唉”等等。

当H把所有事情从头到尾讲完一遍之后，可能会问我一些问题，比如“我该怎么办”“要不要和他分手”“你说是不是他的错”等等。这种时候，我的回答通常也都有迹可寻，比如，“这种事情只能你自己去考虑，毕竟，没有人能代你做决定”“吵架一定是双方都有责任的”“很多时候，问题就是出在不会沟通上”……

整场谈话结束，我没有给H任何建议，但她觉得挺好。这是因为对于H来说，找我倾诉，并不是真的希望我能帮她做什么决定，或者能给她任何建议，她只是需要一个人来帮助自己发泄情绪而已。

这就是H所渴望的从与我的交谈中获得的结果，而我只要让她得到她想要的——那么，无论我在和她交谈时说的内容是什么，实际上都不重要。

我数次强调过，每一场谈话都是有目的的，而交谈就是我们达到目的的手段，或者途径。我们准备精彩的谈资，为的并不是和谈话对象就这一话题讨论出一个“子丑寅卯”，而只是借助这个话题，借助精彩而充满吸引力的谈话内容，激发谈话对象与我们交流的渴望。

我们最终的目的，自始至终只有一个：在整场谈话中，我们所做的一切努力，都是为那唯一的目的而服务的。

在交谈的时候，视线的接触非常重要。确保你与你的谈话对象能够平视对方，是缔造一场成功谈话的前提。如果你的谈话对象坐着，那么，你最好也坐下来。如果他们站着，而你坐着，那么，请你站起来，或者为他们提供椅子。

你说话的语调和语速也同样重要。当你说话的时候，你的谈话对象很可能正通过这些细节评估你的个性呢。

如果你希望传递给对方充满活力的印象，那么，语调就应该适当上扬，语速也可以相对轻快一些；反之，如果你希望对方感受到你的沉稳和周到，那么，语调就得稍微压一些，语速也尽量要显得稳健。

事实上，性格方面的表现，并没有所谓的最优选择，但最为保险的做法无疑是尽量让自己表现得与你的谈话对象一致。如果他很活跃，那么，你得跟上他的节奏；如果他相对沉寂，那么，你得注意控制一下自己的言辞。

在任何一场谈话中，微笑都是重要的通行证。正所谓“伸手不打笑脸人”，微笑除了能向对方展现你的友好之外，有时也能在你失言或犯错时进行一些小小的弥补——哪怕不能消除对方心中的芥蒂，至少能尽量避免当众起冲突的尴尬。

我们的情绪总是很容易受到影响，在开始任何一场新的谈话时，请记住，不要将你之前的任何情绪带入其中。

当然，人并不是机器，如果你某天由于工作失误受到上司的批评，脸上堆不起笑容，心头的烦躁也无法驱散，那么，不妨在开始谈话之前先向你的谈话对象解释一番，以免让对方误以为你的不良情绪是在针对他。

表面工作是非常重要的，尤其是在会见客户的时候。

如果你们只是单纯的工作关系，那么就更应该明白：你与客户建立交谈，不是为了谈心，也不是为了改变彼此的观念——这场谈话的目的非常明确，就是为了完成你的工作，说服客户接受你的产品或条件。

因此，无论你们谈论的话题是什么，你心里的想法其实并不重要，你得想方设法在最短的时间里让客户对你产生好感，信任你，然后引导他走向你建立谈话的最终目的。

如果每一场谈话都是一场战争，那么，谈资就如同弹药——弹药为战争提供了后备力量，但最终能决定战争形势的，却是你在打这场仗时所运用的战略。

因此，在琢磨谈话技巧的时候，学会“怎样谈”比考虑“谈什么”更重要。

5. 退让，是为了更好地前进

谈话就像下棋一样，得有顾全大局的观念，别总盯着眼前只言片语的成败胜负——哪怕一路过关斩将，勇往直前，到最后一步却“将不死”对方，也算不得成功。

《鲁豫有约》有一期节目访问的嘉宾是赵薇，在那期节目里，鲁豫问了赵薇一个问题：“在你已经很红的时候，可能你还没有完全准备好怎么去应付一些娱乐记者。现在回过头来看当初，你有没有觉得自己有时候很傻，就是接受记者访问时说了一些不该说的话？可能经过一些被伤害的事情，或者说被咬了一口之后就知道怎么保护自己了。”

众所周知，鲁豫本身也是媒体行业中的一员，如果要划分阵营的话，她显然应该和记者站在一个队伍里。但她在节目中采访赵薇时问的这个问题，立场却非常微妙——甚至可以说，她的提问颇有一种为赵薇鸣不平的感觉。

节目看到这里，我的第一反应是鲁豫很聪明。

从某种层面上来说，采访者与被采访者之间的关系是相当微妙的，他们共同合作，却又在合作中相互博弈：采访者希望能攻破被采访者的防线，从对方那里获得更多的信息；而被采访者则处处提防，生怕一不小心掉入采访者的语言陷阱，暴露出某些不愿意被人知道的隐私。

在这种微妙的提防与博弈中，采访者想要从被采访者口中挖出信息，其实是比较困难的。这就好像你打算偷袭一个人，但那个人已经洞悉了你的意图，开始处处提防你了，这无疑会让你的偷袭变得更加艰难。

鲁豫的聪明之处就在于，她在提问时主动站在嘉宾的立场上，向嘉宾抛出了橄榄枝。这无疑是在向嘉宾传递一个信息：我不是你的敌人，我是你的朋友。这种主动示好的态度，成功地消除了嘉宾的戒心，嘉宾自然会很好地配合。

很多人在谈话中败北，不是因为口才不佳，或者缺乏谈话技巧，而是因为把自己错误地摆到了谈话对象的对立面——谈话确实是一场博弈，但这并不意味着你必须得剑拔弩张，成为对方的敌人。

试想一下，如果你的竞争对手突然来找你，试图说服你答应他的某个条件，你会答应吗?

我想，任何一个正常人的第一反应必定会认为：对方肯定怀揣着某种阴谋，打算使坏吧！毕竟，他可是对手啊，兵不厌诈，谁知道他的示好或请求究竟会不会藏着陷阱。

但是，如果是你的朋友来请求你帮忙某件事情，显然，一切就会顺利得多。毕竟，在你的潜意识中，朋友自然是与你在一个阵营的，你们立场一致，甚至利益关系也很可能一致。所以，你没有任何理由去怀疑他。

既然我们建立交谈的目的，通常是为了说服谈话对象做某件事，或者接受某些条件，用朋友的身份显然比用敌人的身份要更容易达到目标，那么，为什么还要站在谈话对象的对立面呢?要知道，想在博弈中胜出，未必一定得斗个你死我活，因为，有一种结果叫“双赢”。

很多人在交谈中为了占据优势地位，通常会急切地先发制人，试图在气势上先压对方一筹。但结果是，咄咄逼人的态度往往不能让对方屈服，有时候反而还会激起对方的逆反心理，让对方竖起防备的高墙。

这样的结果，显然并不是我们所希望看到的。

其实，服软未必就是懦弱的表现。很多时候，恰到好处的退让不仅不会让你一败涂地，反而可能给你带来意外的惊喜。

当你主动向对方示好，站在对方的立场上和对方建立交谈时，你会发现，当你成为他的朋友之后，你甚至无须进攻，对方就能敞开城门迎接你的光临。

所以说，退一步有时反而能助你前进得更远。

有一次，我在逛商场的时候见识了一个小插曲。

一位男士冲进一家皮鞋店，大声嚷嚷着要求退货。

那位男士很不客气，一边指责这家店卖假皮鞋，一边把一个鞋盒砸到柜台上。当时，店里的售货员是一个年轻小姑娘，她一边向那位男士解释说，这家店是专卖店，绝对不会卖假货，一边打开鞋盒查看那双皮鞋。

过了一会儿，年轻售货员突然皱起眉头，对那位男士说道："先生，这双鞋不是我们店里卖的——虽然款式看着像，但根本就不一样，我们店里卖的鞋都是真皮的，里面都有编号……"

不等售货员说完，那位男士更生气了，蛮横地冲着她吼道："你这是什么意思？你说我坑你啊？我犯得着吗？你们这是黑店，几千块钱的皮鞋，皮子都是假的，还不认账！你今天就得给我退了！"

眼看围观的人越来越多，售货员犯了难。就在这个时候，店长过来了，笑眯眯地冲着这位男士说道："您好，先生，我们当然相信您说的话，这也不是多少钱的东西，您又怎么会为了这么点小钱来坑我们呢。您说笑了。"

听到店长这么说，男士的脸色稍微缓和了些。

店长从售货员手里拿过小票看了看，接着又对那位男士说道："这双鞋确实不是我们店里的，不过款式真的很像，一眼看过去我都有些含糊。我想，您一定是把鞋盒装错了吧?

"您看，虽然这双鞋的款式和我们卖的那款非常相似，不过，这个地方的标签是有点不同的。另外，我们店里的鞋都有编号的。要不，您再回去找找看，把鞋盒调换回来，实在不喜欢这个款式的话，到时候带过来，我亲自为您办理退款。"

看着店长出示的种种证据，男士知道无可辩驳，而见店长也给了他一个台阶下，让他能够保全自己的面子，他也就不再纠缠，顺水推舟地收起鞋子离开了。

在这场争执中，店长很显然是绝对占理的一方，她能拿出足够的证据来反驳这位胡搅蛮缠的男士，揭穿他的伎俩。她确实可以这么做：理直气壮地斥责他，和他死磕到底。

但如果这样做的话，在下不来台的情况下，这位男士很可能会硬着头皮继续不依不饶下去，把事情越闹越大。最后，即便店长最终能还鞋店清白，被耽搁的生意却无法挽回——因为这一事件而损失的营业额，可是远远高于一双皮鞋的价钱。

店长的聪明之处就在于，她虽然掌控了优势，却没有一味强硬，反而还主动给对方铺了一个台阶，让对方可以顺势而下。她的退让并非因为软弱，而是因为她很清楚，只有迅速解决眼前的麻烦，将影响降至最低，才不会让店铺蒙受损失，这是她作为一店之长的职责。

当然了，退让也是要把握好度的。我们之所以退让，不是因为妥协，更不是因为懦弱，而是为了能更好地前进。因此，在执行以退为进的谈话策略时，一定要牢记两个基本点：

第一，把握尺度

你可以站在对方的立场上看问题，向对方展示你的善解人意，但一定要牢记，示好不等于讨好，你对待对方的态度可以友好，但绝对不能谄媚。你必须自始至终都站在和对方对等的高度上，否则，无论是做朋友还是敌人，你都将失去资格。

第二，展现优势

退让不是退缩，更不是妥协。

退让是一种智斗，一种以柔克刚的心理交锋。你必须展现你的优势，好让对方明白：你的退让不是因为怯懦，也不是因为害怕，而是基于你的宽容、大度和高尚的品格。

6. 循循善诱，让谈资落到目的地

你有没有过这样的体会：明明已经准备要去看书学习，但这时听到妈妈严厉地冲你喊："怎么还在看电视？赶紧去复习，明天要考试呢！"顿时，你就不想去了，非得死磕着再拖一拖。

明明已经准备要从沙发上起来去洗碗，但这时听到妻子急切地催促你："别躺着了，赶紧去把碗洗了！"顿时，你就不愿起身了，虽然这原本是自己刚打算要去做的事。

明明并不怎么喜欢正在试穿的这件外套，但这时听到朋友挑剔地对你说："别买了，不适合你，你根本撑不起这个风格的衣服！"顿时，你就不打算脱下了，似乎非得证明一下，谁说我撑不起这件外套……

人就是这样，心里总少不了一条叛逆的"弦"：别人越是告诉你，你应该怎样怎样，你就偏偏越是不想怎样怎样。

是的，我们天生就不喜欢被命令！哪怕很多时候，理智都在告诉你，这个命令或许才是正确的，但你却依然会心生抵触。

我的一位女性朋友，不久前和她男朋友分手了，这让认识她的人都深感意外。因为仅仅就在几个月前，这位朋友还曾坚定不移地告诉我们，不管遭遇什么困难，她都会和男朋友一直走下去，他就是她的真命天子。

在那个时候，有多方面的原因，朋友的家人全都反对她和这个男朋友在一起。

后来大概是因为她实在太坚持了，于是，她的父母在思索良久之后，找她谈了一次话，表示既然这是她的选择，那么家里人决定支持她，再也不阻止他们在一起了。

能得到父母的认同，这确实让她高兴极了。可有趣的是，就在一切阻力消失之后，爱情故事立马就能顺理成章的大团圆之时，她却开始越来越动摇，甚至开始觉得，她和男朋友之间似乎也并没有那么合拍。

结果，仅仅过了几个月的时间，一切都变了。获得了家人谅解和支持的她，最终向男朋友提出了分手。

在生活中，类似她这样的情况还真不少见。人们总以为，只有阻碍才能让人知难而退，可偏偏很多时候，阻碍却反而激发了人的斗志，让人更加勇往直前。

或许，这正印证了卡耐基所说的那句话："人是不可能被说服的，普天之下只有一种方法能让任何人去做任何事，那就是让他主动地想去做这件事。"

很多人在试图说服别人接受自己的建议或观点时，通常会滔滔不绝地证明自己是正确的。他们试图更加详细地解释自己的观点，迫切地列出一条条这样做的好处——但很多时候，结果却都不尽如人意。

客观来说，他们所列出的种种理由，或许的确无法反驳，他们所陈述的一切，对方也未必就不认可——可有趣的是，人越是面对这种强劲的攻势，就越是会习惯性地防守、拒绝。

就像你走在街上，突然有人向你冲过来的时候，你可能下意识地就会想转身逃跑。而事实上，你可能根本不认识对方，也完全不明白他向你冲过来的理由。但人就是这样，当感到压力时，自我保护机制就启动了。

那我们究竟该怎么做呢？如何才能绕开这个该死的自我保护机制，让对方接受我们的建议，愿意按照我们的期望去行事呢？

你照顾过小孩吗？事实上，擅长与孩子打交道的人，通常都掌握了这一技巧。

我们和孩子交谈，比和成年人交谈更能清晰地感受到自我保护机制所带来的影响。因为孩子在说话做事时，会更遵循本能，而成年人由于性格成熟、阅历丰富，往往更擅长隐藏和控制自己的想法及情绪。

那么，现在来想一想，当你试图说服一个生病的孩子吃药时，你会怎么说？快点去吃药，不然，病好不了。这样说吗？那恐怕这场说服只能以失败而告终。

引导孩子主动地去吃药，通常是这么说的：

“宝贝，生病难受吗？”

“难受。”

“那想不想病快点好，可以和平时一样跟朋友一起玩呢？”

“嗯，想。”

“那生病了不吃药，你觉得病能好吗？”

“不能。”

“那你都知道，为什么还不愿意吃药？是不是怕药苦？”

“嗯，不想吃，药好苦。”

“告诉妈妈，你是不是个勇敢的孩子？”

“是。”

“勇敢的孩子在遇到困难的时候，是不是会勇敢地战胜困难？”

“是。”

“那我们勇敢一点，不要怕药苦，把药喝了，战胜病魔，好不好？”

“好。”

发现了吗？在这场交谈中，妈妈没有命令、逼迫孩子去吃药，也没有苦口婆心地对他说很多大道理，而是按照孩子的思维引导他，让他最终选择去吃药。

在这个引导过程中，妈妈对孩子提的每一个问题都是非常巧妙的，不管是提及生病的种种坏处，还是提及勇敢这一话提，最终目的都只有一个，那就是让孩子吃药。

而且，妈妈问的这些问题看似是疑问句，但实际上，答案都是昭然若揭的。

最高明的说服，不是告诉对方“你应该怎么做”，而是让对方主动说出“我决定去这么做”。而要做到这一点，在谈话中我们需要把握几个关键点：

首先，了解对方的想法

我们试图说服对方接受我们的意见，第一步，就是要了解对方的想法。

我们要知道他希望得到什么，他更重视什么，在面对我们的建议时，他的疑虑又是什么。

在决定是否购买一件商品时，我们通常会在心里做一些评估：这件商品是否符合我们的需求；通过购买它，我们能得到怎样的便利；购买它的价格是否能与它所带来的价值相符等。

同样，我们在说服对方接受某些意见的时候，对方在心中同样也会进行一些评估。假如我们能够洞悉对方的心思，就能在说服过程中有针对性地与对方进行交涉——知己知彼，才能百战不殆。

其次，跳出对方的逻辑圈

每个人都有自己的逻辑圈，对事情有着自己的判断标准。在这个逻辑圈中，如果他认定一件事情是错误的，那么，你是很难说服他改变主意的。

在与别人交谈时，很多人存在的最大问题就是总试图用自己的逻辑去说服对方，而这几乎是一个不可能成功的任务。因为在对方的逻辑圈中，他的想法才是绝对的“真理”。

因此，我们想要说服对方，唯一的办法就是跳出他的逻辑圈，另辟蹊径地寻求突破点。

就像说服孩子吃药的妈妈，她知道在孩子的逻辑圈里，药是苦的，而他不愿意吃苦的东西，所以他拒绝吃药，不管你念叨多少“良药苦口”的大道理，他都不愿意听。

妈妈并没有在这件事情上和孩子纠缠，而是另辟蹊径地以“勇敢”为突破点来说服孩子，最终达到了自己的目的。

最后，循循善诱，让谈资落到目的地

当我们知道了对方的期望和疑虑，并了解了对方的逻辑之后，就能展开诱导了。

我们必须先给予对方肯定，接受他的逻辑，而不是驳斥他的看法——我们得让对方知道，我们不是敌人，而是有着共同

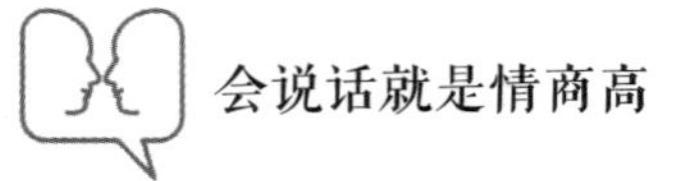

目的的朋友。

在消除对方的第一重戒心之后，我们得想方设法地让对方说“是”。

实践表明，在谈判中，如果对方连续回答“不”，那么，这场谈判基本上就失败一半了。因此，我们得引导对方说“是”，这样才能让对方的思维心甘情愿地跟在我们身后，朝我们所指引的方向而去。

而最重要的一点是，千万不要忘记这场谈话的最终目的是什么，因为我们必须确保谈话要一直按照正确的方向前进。

要知道，一切谈资、一切话题，都是为谈话的最终目的而服务的，千万别为了一时的口头痛快，毁掉我们辛苦搭建的地基。a